創立100周年

先人の業績を知る

かつての学生会館は「100周年記念会館」にリニューアルされ、「100周年記念資料室」として本校の歴史を振り返る場になっている。ここでは本校の卒業生であり、近代日本を代表する画家3名の作品11点を紹介する。

鳥海青児（1902〜1972）

ゴヤやレンブラントに強い感銘を受け、油絵の具に砂や石を混ぜる独自の画風を切り開く。古美術への造詣が深く、その背景には本校での経験が影響していると語っている。

「沖縄風景 修理の家」油彩，3F，1959年

「黄色い風景 インドガンジス河べり」油彩，8F

「メキシコの家族」油彩，20P

原 精一（1908～1986）

独自のタッチと繊細な写実力を特徴とする裸婦画や人物画に定評があり、「裸婦を描かせたら原の右に出る者はいない」と言われている。

「帽子」油彩，10F

「読書」油彩，12F

「帽子少女」油彩，10M

「裸婦」油彩，30M

「裸婦（桃色の布）」油彩，12M

浮田克躬（1930〜1989）

北海道やヨーロッパの都市をモチーフにした風景画を数多く制作。重厚な色使い、構図に対する感性が高く評価される。

「フィレンツェ」油彩，50×91

「城壁と赤い屋根」油彩，20F，1973年

「ドルドーニュ風景」油彩，F10

藤嶺叢書 5

道を極める

藤嶺学園藤沢

『藤嶺叢書第五巻』の発刊にあたって

平成二十年（二〇〇八年）九月「藤嶺叢書第一巻 藤嶺藤沢物語」が発刊されました。この発刊の経緯は、平成十九年（二〇〇七年）四月号から一年間、月刊『かまくら春秋』にて、「シリーズ学び舎・藤嶺藤沢物語」と題した連載（全十二回）が掲載されたものを、平成二十七年（二〇一五年）に創立百周年を迎えるという大きな節目に向けての記念事業の一つとして「藤嶺叢書」が誕生したということです。この叢書シリーズは、平成二十一年（二〇〇九年）十月「藤嶺叢書第二巻 未来ある君たちへ」、平成二十三年（二〇一一年）五月「藤嶺叢書第三巻 13歳のスタートライン」、平成二十九年（二〇一七年）三月「藤嶺叢書第四巻たくましさを育てる」と続き、令和二年（二〇二〇年）八月「藤嶺叢書第五巻 道を極める」に至りました。

今回の「道を極める」の内容は、様々なお仕事のジャンルを超えて、「人間は如何に生きていくのか」まさに「生き方の探究」が示された内容になっています。最初から上手くいく仕事というものはないのです。また、最初からある仕事に就き、生涯その仕事を全うすると決め、悩みや苦しみを感じないような人生はないと思います。また、生まれながらに職業が決まっているという人は現代社会に存在しないのです。興味や関心を持てる「好きなこと」、誰かがやらなければ、自分がやらなければ、「何をすべきか」という使命感、この仕事をやってみたいという「憧れ」など、仕事につながる思いや考えは心の中に眠っているのだと思います。何かのきっかけや何かとの出会いに触れ、心の中に姿を現すのでしょう。そして、人生の歩みが始まるのです。歩み続けていくことが「生きた経験」となります。単なる知識や「個性の尊重」「主体性をもつ」という標語のようなものではない「生の経験」が人生の苦しみや喜びになるのだと思います。

松尾芭蕉の「笈《おい》の小文《こぶみ》」の冒頭には「西行《さいぎょう》の和歌に於《お》ける、宗祇《そうぎ》の連歌に於ける、雪舟《せっしゅう》の絵に於ける、利休《りきゅう》が茶に於ける其《そ》の貫道《かんどう》するものは一《いつ》なり」という風雅《ふうが》の道に於ける烱眼《けいがん》の表現があります。人生を道にたとえる考えは古来より存在していて、論語には「朝《あした》に道を聞かば夕べに死すとも可なり」とあります。「道を極める」ということは大変なことでありますが、そのことが人生そのものであり、人が生きていくことの意味なのでしょう。特別寄稿①の歌手、田中あつ子さんに、伊藤玄二郎先生から贈られた言葉が紹介されていました。「雑草に道はあり」まさに、自分の人生これでいいのかと悩むことがありますが、道はいつしかその姿を現してくれるという激励の言葉でした。第五巻発刊にあたり関係各位の皆さまに感謝申し上げます。

令和二年（二〇二〇年）　八月吉日

藤嶺学園藤沢中学・高等学校　校長　佐野　健

目次

装丁　堀田朋子

第1章

道を極めるI

座談会

― 教育のめざすべき姿 ―

座談会参加者

右より

今村弦太（大和市立大和中学校）

田仁真司（葉山町立葉山中学校／教職ＯＢ会会長）

濱谷海八（藤嶺学園藤沢中・高等学校前校長）

本波和展（神奈川県立鶴見養護学校）

白井達郎（神奈川県立鎌倉養護学校）

藤嶺から教員をめざす

濱谷　本校では最近、先生になりたいという生徒が増えています。実は卒業生で教職に従事する者も多く、なかでもこの数年、野球部出身者が多くなってきているのが特徴です。今回は野球部のメンバーであり、本校の教職ＯＢ会の会員でもある皆さんに集まっていただきました。まずは本校での三年間、野球部での経験を踏まえ、教員をめざしたきっかけをお聞かせください。それでは葉山町の葉山中学校で二年の学年主任をしている田仁さん。

田仁　私は高校三年生の最後でケガをしてしまい、夏の甲子園をめざす二十人のメンバー枠に入ることができませんでした。裏方にまわったことで、メンバーを支える裏方の存在の大きさに気づかされ、次第に人をサポートする側に立ちたいと思うようになりました。大学卒業後はホテルに就職し、三年間ベルボーイをしていたのですが、教員をめざしたいとの思いが募って退職し、その後六年かけて今に至っております。

濱谷　それでは大和市の大和中学校で三年生を担当している今村さん。

今村　中学の進路面談で担任の先生から「教師に向いている」と言われたことがあったのですが、当時は教員という仕事を意識したことはありませんでした。藤嶺では野球部に入部しましたが、田仁さんと同じく最後の夏の大会ではメンバー入りすることは叶いませんでした。けれども前年の秋の関東大会で、甲子園まであと一歩の準々決勝まで勝ち進めた経験はとても大きく、この夢を掴みかける直前という経験を振り返った時、監督やコーチがプライベートな時間を削り、常に自分たちに寄り添い、厳しさのなかに温かさを与えてくれたことが思い出され、同じようなことは自分にはできないかもしれないけれど、人を育てる人間になりたいと思ったのがこの仕事をめざしたきっかけです。

濱谷　本波さんは県立鶴見養護学校の高等部二年で学年主任をされています。

本波　大学在学中に教職課程をとっていましたが、本当になりたい明確な理由が見つからないまま、卒業後はスポーツ用品店に就職しました。来店するお客さんとは会話を交わしながら接客するよう心がけていましたが、ある時先輩に、会社の利益をあげるために話は短く切り上げるよう注意されました。その時、自分は利益目的で人と話をするのではなく、利益を優先させずに人と接する仕事がしたいのだと気づき、やっとではありますが、教員になりたい明確な理由とともに、その道に進む決心をしました。

濱谷　最後は県立鎌倉養護学校で肢体不自由教育部門の一年生を指導している白井さんです。

白井　私は野球を教えたいという思いから国語の教員免許がとれる鶴見大学に進学し、アルバイトをしながら採用試験を受けていました。とはいえ、なかなか試験には受からず、非常勤講師として藤沢の特別支援学級に入りました。そこで生徒が水を飲み過ぎて吐くというアクシデントに遭遇したのです。この時、水を吐いてしまった生徒にマイナスな気持ちはまったく起こらず、逆になぜこの生徒はこういう事態になってしまったのかを冷静に考える自分がいることに気がつきました。健常な生徒に野球を教え、指導することは魅力的でありまた夢でもありましたが、障がいを持つ生徒と接していきたいとの思いがこの時に起こり、この道を選びました。

濱谷　藤嶺藤沢で学び野球部員だった四人ですが、その後の経験はまったく異なります。それぞれが強い意志を持って教員になられたことがよくわかりました。

特別支援学校とは

濱谷　本波さんと白井さんは特別支援学校の教員です。特別支援学校の教育システム等を教えて下さい。

本波　担任と生徒の数の割合は肢体不自由の場合ですと、生徒五人に対して教員が三人です。知的の高等部では、生徒九人に対して教員三人というのが大きな目安ではありますが、こうした人員配置は障がいの度合いによって変わります。

濱谷　障がいの度合いというのは？

本波　障がい者の認定を受けた人には障害者手帳が発行されます。手帳は四つのランク、A1、A2、B1、B2に分かれており、最重度がA1です。彼らは発語がなかったり、トイレが自立していなかったり、食事がひとりでとれない場合で、その状況は人によりさまざまです。

濱谷　ということは、ランクによってクラスが分かれているということですか？

本波　実は高等部ではランクは関係なく、A1～B2の四ランクの生徒がまとまって同じクラスになります。また同じA1ランクであってもその実態はそれぞれ異なっているというのが現状です。そうした状況の中でどのように彼ら彼女らを教育していくのかが非常に難しいところでもあります。

本波和展（ほんなみ・かずのぶ）
1983年生まれ。藤嶺学園藤沢高等学校卒業後、日本体育大学体育学部に入学。スポーツ用品店、オッシュマンズジャパンに入社。臨時的任用職員４年を経て、2010年に神奈川県立中原養護学校、16年より神奈川県立鶴見養護学校勤務

濱谷　どのような指導をされているの

でしょう。

白井　私が考える特別支援学校での指導とは、出口を考えた指導です。知的障がいであっても肢体不自由であっても、いずれ卒業という出口に到達します。そこに至るまでにどのような指導ができるのか。たとえば知的であれば、受け答えの際の言葉の表現であったり、言われたことにどういった反応ができるのかというもので、「愛される人間になる」ことを一番に考えてやっています。

濱谷　本波さんはいかがですか。

本波　特別支援学校の指導の特徴は自立に向けた活動ともいえます。教科とは別に、「一人で洋服を着替える」「ご飯を食べる」「自分で決められた場所に移動する」といった「自立に向けた活動」があり、これが特別支援学校の一番の目標といえます。そして白井さんがおっしゃった「誰からも愛される」というのも目標のひとつです。生徒の中には、卒業後も支援を受け続けなければならない生徒がいます。まわりから愛されなければ支援を受け続けることは難しい。そういった意味で「誰からも愛される」ということは、自立のひとつであると考えています。

子どもの表情を読み解く力

濱谷　障がいの度合いによってはまったく動けない生徒もいるかと思います。そうした生徒とはどのように接しているのですか。

本波　以前に受け持った四肢麻痺の生徒は、抱き抱えると肩が脱臼するくらい本当に体を動かすことのできない状態でした。ただ唯一できる動きが瞬きで、目を動かすことができたのです。そこで私は目の動きを見て、何を訴えようとしているのかを表情から読みとって接していました。

濱谷　本波さんがおっしゃった表情を読みとるということは、全日制の学校での指導

白井達郎（しらい・たつろう）
1983年生まれ。藤嶺学園藤沢高等学校卒業後、鶴見大学に入学。非常勤職員１年半を経て、2009年に神奈川県立金沢養護学校、現在は神奈川県立鎌倉養護学校勤務

にもあるのではないですか。

田仁　全日制の学校も特別支援学校の指導と同じく、生徒の表情や様子を先生がどれだけ読みとれるか、それが教員をするうえでのカギになっていると思いますね。浮かない表情をしているなと思えば、まわりの先生にも声をかけて「あの子の様子がおかしいから見て」と発信してチーム単位で動きます。担任に限らず話が聞ける先生がいればその生徒に対応し、一人一人をしっかりと見るようにしますが、これは特別支援学校でも全日制の学校でも変わらないことだと思いますね。また最近では、自分のことを自分から打ち明けられない生徒が増えているように思います。そうしたことも踏まえ、表情をしっかりと見て、寄り添い、話を聞くということをやっていかなければいけないと思っています。

濱谷　ということは、どんな生徒であってもしっかりとその子ども自身を受け止めてあげれば、のびのび、いきいきとしてくるということでしょうか。

田仁　今の子どもたちは自己肯定感が非常に低いです。ですから、こちらの課題設定を低くして、成功体験を与えてあげなければ自己肯定感は得られないと感じています。各段階ごとに子どもたちに問いかけをし、答えさせ、できた段階で褒める。この繰り返しです。それぞれの問題に自分自身で問いかけ、考え、自信を深める子どもは少ないように感じています。

濱谷　中学生の中には「誰にも迷惑をかけないのであれば、何をやってもいいよね」と考える子どももいるかと思います。そうした場合、皆さんはどのように指導されているのですか。

今村弦太（いまむら・げんた）
1983年生まれ。藤嶺学園藤沢高等学校卒業後、國學院大学に入学。臨時的任用職員９年を経て、2017年より大和市立大和中学校勤務

田仁　そうした生徒には、子どもの背景にあるものを想像しながら、彼らが何を考えているのかをまず先生たちが理解する必要があると思っています。そこから、駄目なものは駄目だと伝えるわけですが、将来、この生徒が社会でどのように生きていくのか、というと

田仁真司（たに・しんじ）
1981年生まれ。藤嶺学園藤沢高等学校卒業後、日本体育大学体育学部に入学。ホテルオークラ東京に入社。臨時的任用職員６年を経て、2013年より葉山町立葉山中学校勤務

ころにまでつなげなければいけません。ひとりよがりではなく、まわりを見ることの必要性を伝えなければならないと思っています。

濱谷　こうしてお話を伺っていますと、先生たちの抱えている問題というのは、校種に関係なく同じなんですね。

本波　そうかもしれませんね。少し反抗的な子どもに「今何がしたいの？」と聞いても、大半の答えは「カラオケ」などであって、具体的にしたいことは出てきません。今の現状を踏まえながら、卒業後に向けてやらなければいけないことを話し、その話に入ってくれればＯＫ。逆に受け入れてもらえない場合は、なぜこのような状況になったのかを見極め、時間をかけて接していかなければいけないと思いますね。

濱谷　全日制の学校でのこうした問題は特別支援学校でもあり得ることですか？

白井　特別支援学校では、言葉をうまく発することができないために、同じような行動をとる生徒がいます。その生徒たちはこの先生はどこまで許してくれるのか、どこまでやると怒り出すのかという〝怒るライン〟を見ているんですね。よくあるのは学期始めの四月、担当の先生が代わった時などに起こります。こうした状況でどのように指導し折り合いをつけるのか、教師としての思いをどのように伝えていくのか、その生徒とどのように接することで信頼してもらえるのかといったことを考えながらやっています。

教員という名のカウンセラー

濱谷　皆さんは教科担任の先生ですが、生徒の気持ちを読みとるカウンセラーともいえますね。このカウンセラー的な技法はどこかで習得されたのでしょうか。

白井　研修などで教員としての基本的な部分を学ぶ機会はありますが、カウンセラーとしての指導、研修を受けたことはありませんね。

濱谷　ということは、やはり日々の中で自分から学んでいったのですか。

本波　今まで考えたこともなかったですが、振り返ってみると、相手の気持ちを読みとるということを一番気にしていたのは、当時の野球部の監督の表情でしたね（笑）。

濱谷　なるほどね（笑）。それは表情を読んだ方が怒られないという損得からですか。たとえばベルボーイも人の表情や行動を読んで動きますよね。田仁さんはいかがですか。

田仁　人の雰囲気、表情を感じる力というのはすごく大切なことだと思います。ホテルのベルボーイは三六〇度、どこから見られているかわからない状況で、常にアンテナを張りつつお客様にも声をかけなければいけません。これは教育の現場も同じです。生徒だけでなく、先輩の先生方がどのような指導をし、どのように声をかけ、どのような方法でやっているのか、常に自分の中でアンテナを立てて観察しています。自分でもできそうなところは積極的に取り入れて実行するということが、実は自分の中のカウンセラー的な部分を鍛える場であったように思います。

教員をめざす人たちへ

濱谷　今村先生は紆余曲折、九年かけて教員になられましたが、これから教員をめざす生徒へアドバイスはありますか。

今村　九年もの間、私が教員になることを諦めなかった理由は一つや二つではありません。なかでも一番の大きな理由は、非常勤講師の立場では、たとえ自分が受け持った生徒が卒業年度であっても、契約期間によって最後まで見届けることができないということです。保護者の方から「どうして最後まで見てもらえないのですか」と聞かれても、「申し訳ありません」と答えるしかない。先輩の先生方に「はやく専任に受かって三年間見てあげないと子どもた

濱谷海八（はまたに・かいはち）
藤嶺学園藤沢中学高等学校第9代校長。校長在任時に、打たれ強く、逞しい男子育成を柱とした「藤嶺叢書」シリーズを刊行。2018年、瑞宝小綬章を受章

ちが可哀そうだよ」と言われたことで奮起しました。さらに専任に受かる直前、中学時代お世話になっていた先生にお会いして、これまでのことを話した時に「一緒に働こう」と声をかけていただいたことも大きな励みになりました。その時々に出会った保護者の方々や同僚、恩師に声をかけていただいたということが、諦めなかった理由でもあります。振り返ると、高校野球の夏の大会に出られなかった悔しい思い、挫折、このまま終わりたくないという気持ちが、九年かけて教員をめざした原動力であったのだとも思いますね。

濱谷　なるほど。「今の大学生は挫折を知らない、これが一番大きな問題なんだ」とおっしゃる方がいましたが、まさに挫折があったからこそ次にいくエネルギーが出てきたんですね。本波さんはいかがですか。

本波　結局のところ、自分の進むべき道は自分で模索して答えを出すしか方法はありません。中学・高校時代は答えのあることを学んでいますが、社会に出ると決まった答えはありません。自分で判断して行動する。そのすべてが自己責任です。

自分で考えて答えを出すという力を早い段階から身につけていれば、それがきっと強みになるのだと思いますね。

濱谷　そのために今、必要なことはなんでしょう。

本波　いろいろなタイプの人と話をして、自分の〝意見〟を言って欲しいです。たとえその答えが間違っていたとしても構いません。お互いに討論して欲しい。意見をぶつけ合うことが大事なんだと思います。ただそうした機会を生徒自身でつくるのは難しい。だからこそ、そうしたことができる場をつくることが、これからの教育に必要なのではと思います。

濱谷　これからの教員は「本質的な質問」と「ファシリテーション力」が必要ということですね。

本波　人との会話はインターネットでもできます。けれどもインターネットを介しての会話では相手の表情は伝わりません。実際に人と会って話をする。もっと会話をして欲しいと思います。

濱谷　ありがとうございます。今村さんが高校の野球部を通して学んだことはありますか？

今村　そうですね。野球部では自分が今しなければいけないこと、先生が自分に何を求めているのかといったことを常に考え、求められているものに近づくためにしなければいけないことは何なのかを勉強させていただきました。これは今の自分にものすごく役立っていると実感しています。野球があって今の自分があるといっても過言ではありません。そうしたことを踏まえると、将来こういった仕事に就きたいという目標を定め、そこから逆算することで、今すべきことは何なのかということを考えるきっかけをつくって欲しいと思います。

濱谷　白井さんはいかがですか。

白井　私は無駄を大切にして欲しいと思います。私は高校三年間でレギュラーになれたり、なれなかったりといろいろありましたが、監督がまずチャンスを与えてくれ、それに応えようと一日八時間から十時間くらいを勝つために費やしました。その時間は悪く言えば無駄な時間だったかもしれませんが、自分がどうすればうまくなれるのかを考える時間でもありましたので、私にとってこの時間は非常に大切なものでした。また、大学受験に向けて監督が毎日、私が要約した新聞社説を添削してくれました。それは当時の私にとっては非常に辛く大変なことで、これが何に活きるのか、無駄な時間なのではと感じることもありましたが、今となってはあの時間があったからこそ今の自分があるとも言え、自分のプラスとなっていると思います。

濱谷　その時は無駄と思えることでも、真剣に向き合うことで自分にとって必要な時間になるわけですね。

白井　そうです。今、職場ではさまざまな面において効率化が求められているのですが、そうした状況にあっても、私も無駄な時間は必要だと思っています。たとえば、この生徒にはどう接すればいいのかと悩んでいる時であれば、無駄と思える会話からよいヒントが浮かぶこともある。無駄を大切にすることも実は非常に大事なことなのではと思っています。

濱谷　その考えには私も共感しますね。今は本当に簡単で便利な社会です。簡単かつ便利な社会というのはまさに無駄を省いた社会です。お母さんが手に塩をつけて一生懸命おにぎりをつくるのと同じように、親の教育というのは手塩にかけて子どもを育てていくものです。先日、特別支援学校を訪れ、教育の原点を見させていただきました。あの場で無理、無駄を排斥したら特別支援学校の子どもたちは輝きません。

田仁　そうですね。そして私は人との関わりを大切にして欲しいと思っています。それぞれ人にはよさがありますが、悪いところは目立つのでそればかり言いがちです。ですが、よいところが一つもないわけではありません。人のよいところを探し、違いを認める――そういった人との関わり方をめざして欲しいと思います。勉強ももちろん頑張らなければいけません。けれども勉強ができる人間だけが世の中で活躍しているかというとそうではなくて、人との関わり方が上手な人というのが成功しているように感じています。現代社会ではインターネットが普及し、個人の世界に閉じこもりがちな子どもたちが増えてきています。相手の表情を読むというのは、携帯や電話ではできないことで、こうして顔と顔を合わせ、会って話をしなければ学ぶことはできません。そういった点を常に大事にして欲しいと思います。

濱谷　藤嶺、野球部での三年間の学びを経て、大学に進学し、教員になった。なりたいという思いはそれぞれ違い、働く場も異なってはいますが、それぞれが次の世代に生きる子どもたちを育てるために努力しています。そこにあるのはＩＴではない。人と人を結ぶのはやはり人であることを強く感じました。本日は後輩のために貴重なお話をいただきありがとうございました。

座談会後、「特別支援教育から見た教育の在り方」について、本波和展さんにご寄稿いただきました。

特別支援教育で得たこと

本波和展

目まぐるしい時代の変化とこれからの教育

小学校での英語教育が必修となり、二〇二〇年からはプログラミング教育が導入されることとなりました。二〇一六年八月に中央教育審議会教育課程部会より出されました『審議のまとめ』では、『二〇三〇年の社会と子供たちの未来』について論じられ、「子どもたちの六五%は将来、今は存在していない職業に就くとの予測がある」と言っています。インターネットによる動画配信が当たり前となり、簡単に自宅で学ぶ機会を得られる今日において、「学校の役割」「学校に通う必要性」を今一度考える必要があるのではないかと思います。

私と特別支援教育との出逢い

知的障がい教育を行っている学校に臨時的任用職員として赴任しました。障がいのある生徒と接した経験はほとんどなく、私にとって未知の世界でした。

言語指示の理解が難しく、模倣ができない生徒

知的障がい教育を行っている学校では、健康の保持増進、体力の向上を目的とし、「体力づくり」（毎朝三十分程）という時間があります。ある日、スクワットをすることになったのですが、言葉による指示が理解できず、手本を示しても真似ができない（膝を深く曲げられない）生徒に、どのように活動させればよいか頭を抱えたことがありました。最終的には手の形に切り取った画用紙を壁の上下に貼り、そこ

にタッチをさせることでその生徒はスクワットができるようになりました。

「できない」と言われている生徒も、こちらが工夫すれば「できるようになる」――この経験により、私は特別支援学校で教育活動を行う決心をしました。

障がいの特性の理解と実態把握

障がいといってもその種類はさまざまです。それぞれの障がい特性があり、その特性を理解することで、生徒が学校生活を送る中での困難さを少しでも取り除くことができます。そして、その特性の中で何が当てはまるのかを見極め、配慮すべき点を考えることが大切です。つまり、個人個人にしっかり視点を向け、生徒の実態把握に努める必要があるのです。

指導の中で留意していること

生徒の実態把握を行うと、個人の課題が見えてきます。その課題に対して目標を設定し、目標を達成するための手立てを考えます。ここでは目標を達成するための手立てを把握しながら生徒と接することが大切となります。

生徒が主体的に物事に取り組むためには「できる活動」を繰り返し行う必要があります。つまり、成功体験を積み重ね、本人の自信をつけさせることが大切なのです。そして「できる活動」から「がんばればできる活動」へ移行し、ステップアップしていく。決して否定的な言葉を使わず、できたことを認め、ともに学びあう姿勢を持つことや、他者から支援を受けてできた場合は、少しずつ支援を減らし、自分一人でできるように取り組ませることも大切です。

肢体不自由部門で学んだ命を預かる大切さ

肢体不自由部門で六年間教育活動を行いました。自力で歩行が困難な生徒の車いすを押したり、唾液が飲み込めない生徒の口腔内の吸引を行ったり、経口で栄養を摂取できない生徒に、経鼻経管や胃ろうで栄養摂取を行ったり。どの活動も一歩間違えてしまえば命にかかわることです。これらのことを通して、生徒の命を預かっているということに気づかされました。生徒が安全に、安心して学びに向かえる場を提供することが何よりも大切です。そして、保護者のもとにしっかりと帰すということが私達の使命であると考えます。つまり、生徒の育ちに向き合うということは、生徒の命と向き合うことであり、常に生徒に対して誠実である必要があるのです。

すべては教育現場での経験から

ここまで記した内容は、すべて教育現場で私自身が体験して得た内容です。書物を読み、理論や知識を習得することはとても大切です。それを基に、教育現場で生徒と向き合い、一人一人に視線を向け、生徒は何を求めているのか、どうすればお互いの信頼関係が築きあげられ、ともに同じ方向を向けるのか。それは、教育現場に立ち、生徒と接しないとわからないことでもあります。時代の変化を受け止め、これからの教育活動について考えながら、生徒の命に向かっていきたいと思います。

特別寄稿①

二〇一八年、中学校芸術鑑賞会では「竹山道雄著『ビルマの竪琴』の朗読と歌唱」が行われた。駐日ミャンマー連邦共和国特命全権大使トゥレイン・タン・ズィン氏の話に続き、テレビや舞台で活躍されている田中あつ子氏とオペラ歌手の髙野久美子氏、そしてピアニストの倉本洋子氏が『ビルマの竪琴』の朗読と歌唱・演奏を披露した。

未来に羽ばたくあなたたちへ

歌手　田中あつ子

「伝える」思いを届けたい

私は、今、四つの仕事をしています。

一つ目は歌を歌うことです。ＮＨＫ教育テレビ『ふえはうたう』の、歌のお姉さんとしてデビューしてから歌の仕事を続けています。

二つ目は、朗読劇合唱による和解『ビルマの竪琴』という作品で朗読をしています。この作品は音楽（芸術）は国境も敵味方も越えて人と人をつなぎ和解に導く、ということを描いています。二〇一八年に藤嶺学園でも公演をさせていただきました。

三つ目は大阪のFM千里で、毎週ラジオのパーソナリティとしてお喋りをしています。

四つ目は専門学校と養成所で講師として俳優・声優を目指す人たちにボーカルレッスンをしながら私が経験して感じたこと、学んだことを教えています。

四つの仕事ですがその根底は同じだと思っています。

それは「伝える」ということです。つまり私の仕事は「伝える」ということだと思っています。

そのうえで、私は人生で常に、二つの事を心がけています。

「ネバーギブアップ」――これは、どんな仕事が来ても「無理と思わない、無理と言わない」ということです。

もう一つは「超一級の楽観主義になること」――これは、起こる事がら全てを「前向きに意味があると想像する力を持つ」ということです。

この二つの心がけで、さまざまなことに対しても前へ進む事ができたと実感しています。

もちろん、子どもの頃から、そうだったわけではありません。

私は三歳からピアノを始めました。

これは私の意思ではなく、兄にピアノを弾いて欲しいと思っていた親が、一度のレッスンで辞めた兄の〝身代わり〟――せっかくレッスンをお願いしたのに一度きりでレッスンをやめるなんてできない――と見栄を張ったのです。

当時、私はいわゆる〝おてんば〟で、ピアノを習うような子どもではなかったと思うのですが、その時のピアノの先生は、レッスンを全くしない私に、誠に根気よく付き合って下さいました。十三歳まで十年間、お世話になりました。

その後、ピアノ科卒業の別の先生にレッスンを受けるようになりましたが、私は、ピアノよりも「歌が好き」で、将来は歌手になりたいと思い、音楽学校の声楽科を受験しようと決めました。そして十五歳の時、八十一歳の東京音楽大学の名誉教授・阿部秀雄先生に歌のレッスンを受けることになったのです。

阿部先生は、私を決して子ども扱いすることはありませんでした。常に「どう思いますか」と問いかけて下さり、自分で考えること、貪欲に自分で学ぶことを繰り返し、教えて下さいました。

無事に合格した音楽高校でしたが、入学した時の第一印象は「しまった。進路を間違った」でした。評論家のように、音楽についていろいろなことを知っている生徒がたくさんいて、私は「歌が好き」というだけでしたので、まったく萎縮をしてしまいました。

それでも、音楽を学ぶことは楽しく、声楽の成績がよかったこともあり、ソプラノの技術を一生懸命に磨きました。高校二年生からはコンクールに出るため、たくさんの先生のレッスンも受けました。

そして、高校三年生の時に私の人生に大きく関わることになった久城理絵子先生との出会いがありました。この久城先生には、三十年以上経った今でも私の歌を聴いていただき、さまざまに指導をしてもらっています。

私にとっては、プロデューサーのような先生です。私の長所を見抜き、大切に育てていただきました。

その久城理絵子先生に「歌のお姉さんが良いのでは」といわれたのは、大学二年生の時です。NHKのオーディションを受けることになりました。

オーディションはガチガチに緊張し、質問に対しても、ずいぶんトンチンカンな答えをしていた記憶がありますが、おかげさまで合格しました。

一九八五年四月「歌のお姉さん」としてデビュー。今、思えば当時の私は、社会の厳しさも、仕事をしてお金をいただくということがどういうことなのかも、まるでわかっていませんでした。

NHKでは、一つの番組づくりにたくさんの人が携っていることを初めて知り、それぞれの持ち場で、黙々と仕事に取り組むスタッフの姿を見て、「歌のお姉さん」の役を務める責任の重さを感じました。

例えば、大学では、声の調子が悪かったら、調子が良くなるまでレッスンを休むことができます。しかし、仕事は、待ってはくれません。身体の調子を整えることに本当に神経を使いました。

また、一番苦労したのは、人に物事を伝える伝え方でした。起こった事や自分の考えについては「まず結論を言う」、その背景や理由については「聞かれた時にのみ答える」というものです。

つまり、自分から言い訳や、説明をしてはダメ。この対人関係の距離感というか、大人としての振る舞い方を、「歌のお姉さん」の仕事を通して鍛えていただきました。

大変な事はたくさんありましたが、この「歌のお姉さん」の仕事は本当に楽しいものでした。スタジオ収録では子どもたちと一緒に歌って踊って、また日本中をコンサートで回って、たくさんの人たちと出会い、たくさんの人にお世話になりました。三年間NHKで働きました。

デビューして二年半が過ぎた頃、プロデューサーから呼ばれました。

番組は三年で終わります。「これからどうしたいと思っているのか」との問いかけから始まり、「次の三年も『歌のお姉さん』として働いてもいいけれど、それは、あなたが視聴者に対して『歌のお姉さん』として定着することになる。新しいことをするなら、このタイミングでやめた方がいいよ」と言われました。

突然の話に戸惑いはありましたが、「いつか舞台に立ちたい」と思っていましたので思い切って、NHKの番組を降りることにしました。

そこから、私の新しい挑戦が始まりました。

ミュージカルに挑戦

当時、東京・渋谷に東急文化村がオープンし、オーチャードホールのオープニング公演で、冨田勲先生という世界的に有名な作曲家による、トミタ・サウンドクラウド・オペラ『ヘンゼルとグレーテル』の公演が行われていました。

そのプロジェクトの音楽助監督で、指揮者の時任康文さんに、ミュージカルに出たいことをお伝えしたら、「今年も公演があるから『ヘンゼルとグレーテル』のグレーテル役のオーディションを受けてみたら」との話をいただきました。

一ヶ月かけて、オーディションの曲を練習しました。

初めての、オペラの舞台のオーディションです。それも、全国から歌が上手で演技もでき、グレーテル役にふさわしい若手の声楽家たちが集ってくるのです。

オーディションは緊張していましたが集中して歌うことができ、ダブルキャスト（公演日によって交替しながら歌う）でのグレーテル役に決まりました。

オペラは、テレビとは全く違う世界でした。例えばテレビは、私がカッコ悪いダンスをしていたら、プロデューサーはその私を使いません。つまりカッコ悪い私は放送されません。しかし、オペラの舞台に立ったら、全てをお客様に見られてしまいます。当たり前ですがやり直しもできない。その緊張感というものは想像以上でした。

オーチャードホールは、三階席まである三千人収容の大ホールです。三階席の後ろから、舞台に立っている人を見たらまるで小さな子どもくらいにしか見えません。

本番に向けて、舞台稽古も、それはそれは、厳しいものでした。

歌うだけでも精一杯なのに、演出家の求める演技やダンスが、なかなかできるようにならず、演出家の苛立ちに萎縮していく自分が嫌でした。「自分に負けたくない」と思いながら、頑張り続けました。

友だちが心配してくれて留守番電話にメッセージを入れてくれていました。そのメッセージは「楽しみにしてるね」「応援してるね」と。何気ない一言でしたがどれだけ勇気をもらったかわかりません。一人ぼっちだったら、頑張り切れなかったと思います。

そして、開幕した舞台は大成功。演出家から「あなたが一番良かった」と言われた時に、厳しい稽古の日々にも大きな意味があったのだと気づきました。とはいえ、私は喜びよりも無事に務められたことに、ホッとしていました。

このオペラの舞台の後、歌手としてファミリーコンサートに出演して歌ったり、クラシックコンサートの司会をしたり、テレビのリポーターをしたり……。仕事の幅が、かなり広がるようになりました。

そんなある日、「ボーカルレッスンをして欲しい」との話をいただきました。声優や俳優を志す若い人たちに授業をする、ということです。

「教える」ということは、当時、考えてもみなかった仕事でした。

それは、私にとって「教える」と言うことは、自分を指導してくださった素晴らしい先生方のポジションに、私自身が就くということです。

そんな大役が私に務まるのか……、と考えると、なかなか決断できませんでした。

いろいろと悩んだ末、私は、「どんな仕事が来ても、無理とは言わない」「何でも引き受ける」との自分自身の心掛けを思い出しました。自分に嘘はつけません。

お引き受けをしましたが、そこから悪戦苦闘の日々が始まりました。

自分が歌うのと、人に教えるのは、全く別のものでした。「伝える」というのはこんなに難しいものなのかと痛感しました。

今、十年近くボーカルレッスンを続けてきて、やっとさまざまな試行錯誤を繰り返して、私らしいレッスンができるようになったと思っています。

雑草に道はあり

朗読劇『ビルマの竪琴』の演出の伊藤玄二郎先生と再会したのは、数年前のことです。伊藤先生はかつて、久城理絵子先生の主宰するコンセール・デ・コンパニオンのコンサートの演出をしてくださったことがありました。私は当時、高校生でした。

そんな伊藤先生と懇談する機会があり、仕事の話になった時に、「雑草に道はありだよ」と言われました。えっ、どういうこと？　その言葉の意味が最初はわかりませんでした。

その頃の私は、いろいろな仕事をすることで方向を失っていたのかもしれません。何を基準に仕事をすれば良いのかと考えていた時期でもありました。

伊藤先生の、「雑草に道はあり」――これは、そこに道はあると気づかないが、雑草の下にも道が隠れている、という意味です。いろいろなジャンルの仕事をしているようであっても、その下にこそ、自分の本当の道は隠されているのだ、という励ましでした。

その考え方は、私を元気にしてくれました。「よし、何でも来い！」「何でも挑戦！」「その中に、私の進む道がある」という心の変化が起こっていました。

そんな矢先です、ラジオのパーソナリティの話をいただいたのは。

これも、本当にできるのか、と不安が先立ち、躊躇もしました。「結局、最終的には仕事を受けるのだから、即決したらいいじゃないか」と頭では思うのですが、葛藤の連続。それでも、「どんな仕事も、無理とは言わない」の方針通り、受けることにしました。

このラジオのパーソナリティも大変でした。

二十分という番組の時間だけが決まっていて、あとは何も決まっていないのです。

私は、自分で勝手に、ラジオの仕事は放送作家さんがいて、パーソナリティは台本を読むだけと思っていたのです。しかし、よく聞くと作家さんはいなくて、「あなたが考えてやってください」「何をしても良いですから」と言うのです。

自分がやりたい事は何だろうか、と考えて、音楽番組にする事に決めました。スタッフの皆さんとも相談し、世界中の音楽を探し、その音楽について語る番組になりました。

私だけのお喋りでは持たないと思い、友人の講談師の方と一緒に話すことにしました。二〇一六年に六ヶ月間パーソナリティを務めました。話芸の方とご一緒する事でお喋りする事の勉強もできて「一石二鳥」でした。

その後、二十五分の番組枠となり、『歌とあつ子と朝カフェで』という番組名で、この時からは一人でパーソナリティを務めました。二〇一九年四月から、六十分番組『歌とあつことアフタヌーン』のパーソナリティを務めています。

話は少し戻りますが、ラジオが始まってすぐに、伊藤玄二郎先生から、『ビルマの竪琴』の朗読の話をいただき、「ぜひ」とお受けしました。

しかし、実は、私は朗読のことを全く知りませんでした。朗読の公演を観に行ったこともありませんでした。

台本が届き、朗読していると、話に吸い込まれて気がつくと泣きながら読んでいるのです。演出の伊藤先生からは「お芝居をしているような朗読ではない。聞き手がイメージできるように淡々と朗読してほしい」と言われました。

「淡々と読む」——これは、本当に難しいと感じました。心の中では、嬉しい悲しい悔しい切ない迷い様々な感情が動いています。そのうえで淡々と読んでいく。頭では理解していても、いざ実践すると、思うようには朗読できません。

本番まで三ヶ月。この時も、朗読の奥の深さを叩きつけられているような日々でした。

何度も何度も繰り返して読み込みながら録音をしたり、知り合いの役者さんに聞いてもらったり、アドバイスをいただいたり。

また、稽古をしながらもう一つ困ったことは初めての朗読でしたので、呼吸法がわからなくて、途中で酸欠状態になってしまうのです。これは、やってみて初めて経験したことです。

酸欠になると、指先が震えて台本を持っていられない、目が霞んでくる……。

歌手として生きてきた私にとっては、情けない経験でしたが、とにかく稽古稽古に明け暮れました。

本番の日がやってきました。

この作品は冒頭、朗読の前に、私が竪琴のリラを弾き、歌う場面から始まります。楽器を舞台で演奏するのは中学生以来でしょうか、これも緊張しました。

本番が終わると、ホッとして全身の力が抜けていくのがわかりました。そして何より、偉大な作家の言葉は、人びとの心に染みわたっていくのだということを感じました。

この日以来、『ビルマの竪琴』は、日本のさまざまな所で公演させていただき、たくさんの方に聴いていただいています。

「文化には力がある」――その事を改めて感じる経験ができた事に、今、感謝の思いでいっぱいです。

こうして、さまざまな仕事を経て、感じる事――。

それは、チャンスはいろいろな所にある、という事です。

そして、「雑草に道はあり」なのだと感じています。

それが、今の仕事を通して、私が、皆さんに伝えたいことです。


特に、これから人生の大海原に出て行く若い皆さんには、
良い友達を持って欲しい。

良い先輩を持って欲しい。

師匠を持って欲しい。

それは、一人で頑張れない時に心から信頼できる人を持っているということが、百人力になるから。

そして、負けない事。勝たなくてもいいから負けない事。

そうすれば必ず道が見えてくる。何があっても絶対に大丈夫と確信してください。

田中あつ子（たなか・あつこ）

東京音楽大学卒業。在学中、ＮＨＫ教育テレビ『ふえはうたう』の歌のお姉さんでデビュー。現在は朗読、司会、ファミリーコンサート、ラジオパーソナリティなど幅広く活躍。

第２章

道を極めるII

―卒業生の歩む姿―

経験が人を成長させる

神奈川大学男子サッカー部監督　大森酉三郎
（四十期　昭和六十二年度卒）

藤嶺から自衛隊へ

勉強があまり好きではなかった私は、朝の満員電車に乗り込めずホームで待つことになると、行先を変えてそのまま下りに乗って根府川あたりで本を読んで過ごし、夕方学校に来てサッカー部の活動に参加するという日々を送っていました。今思うと、先生方には本当に迷惑ばかりかけていたと思います。

私はサッカー選手として身長も身体能力も高い方でしたが、忍耐強く考えて動くということが苦手でしたので、与えられたチャンスを活かすことができず、大学ではほとんど成果を残すことができませんでした。卒業時に進路を考えた時、いろいろな選択肢を考えましたが、幼少の頃からサッカーをしていた自分にはサッカー以外の世界へ足を踏み入れる勇気がなく、藁をもすがる思いで当時サッカーの強化に乗り出した海上自衛隊へ進む道を選びました。周りからは「なんで自衛隊に行くんだ」「お前では続かん」と言われましたが、逆にその言葉を自分の励みとして海上自衛隊に入隊し、厚木基地に赴任しました。私が自衛隊に入った一九九三年は、ちょうど海上自衛隊厚木航空基地に海上自衛隊を代表するサッカーチーム「海上自衛隊厚木基地マーカス」が誕生した年です。大卒の自衛官は幹部候補生として広島の江田島にある幹部候補生学校で一年間の研修と遠洋航海に参加することが義務付けられており、合計で二年以上はサッカーをする

ことができません。そこで四ヶ月の教育を受けると部隊配置となる一般の自衛官として入隊することにしました。

当時の自衛隊は基地内の生活に関わることすべてが内省化された組織です。食堂の皿洗いから給与計算まで、すべてのことを自衛官でこなし、アウトソーシングはありません。私は学生時代を通して本格的なアルバイトや日常的に家の手伝いなどしたことがなく、サッカーに専念したフリをした日々を送っていましたので、入隊するまで敷地の芝刈りや大量の皿洗いなどしたことがありませんでした。初めてこうした生活に密着した仕事をしなければならなくなり、入隊直後は自衛隊での生活が嫌で嫌でしょうがありませんでしたが、周囲に啖呵を切って出てきた手前、こんなことで辞めるわけにはいきません。こうした仕事も誰かがしなければいけないんだという考えを持って積極的に取り組み始めると、次第に自分自身に変化が生じてきました。二十歳を過ぎてからのかなり遅い成長です。日々の生活で考え方が変わると、驚くことにサッカー選手としても変化が生まれ、プレーにも忍耐強さが出てきたのです。自分自身の成長を感じ始めたことで、よりサッカーにのめり込んでいくようになりました。チームも最初は神奈川県社会人の二部リーグでしたが、着実に力をつけて関東一部リーグに昇格し、国体に出るほどの実力がついてきたことも、自分のやる気を後押ししました。

サッカーの面白さに取りつかれた私は、気がつくと指導を担うまでになっていました。そのまま自衛隊でチームを指導する立場でいることもできたのですが、サッカーに専念できる世界に行こうと決断し、自衛隊をやめて神奈川大学のサッカー部の監督に就任しました。就任当時、私は三十四歳でした。自衛隊で鍛えていたこともあって学生と走っても先頭集団を走ることができ、チームでも自らプレーを見せ、鬼軍曹のごとくチームを鍛え上げた結果、なんと就任一年目で神奈川リーグ優勝、関東リーグへの昇格を果たすことができました。四年後には関東一部への昇格も果たすことができたのですが、そこには色々なご縁があってのことで、当時の関係者には感謝の思いしかありません。

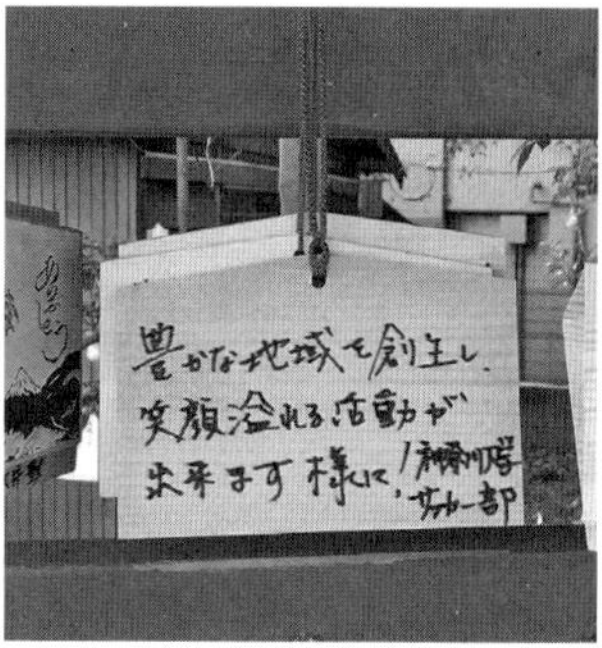

令和２年初詣に奉納した絵馬

地域に根付いた人材の育成

　私は強豪校から選手をスカウトするばかりではなく、粗削りなプレーの中にもキラリと光るその選手らしさやサッカーに対する情熱とひたむきさがある地元の子を育てることを大切にしています。これは地元で商売をする両親が、仕事をこなしながら地域の活動に率先して参加する姿を幼い頃から見ていたことが大きく影響しています。地元に貢献するには自分にどういったことができるのか。そこを考えた時、単に強いサッカーチームをつくるというのではなく、「地域密着」が求められている姿であると行きついたのです。

　地域スポーツについては、神奈川大学の監督時代に大学院で学ぶ機会をいただいたことで知識を得ることが出来ました。監督はサッカー選手を育て、プロに入れるだけが目的ではありません。サッカーのすそ野を広げることも大きな使命であることを学びました。神奈川大学の監督後、湘南ベルマーレや大磯にある通信制の星槎グループでサッカーチームの強化に携わることになったのですが、同時に地域の総合型スポーツクラブの運営に携わる機会を得ました。スポーツクラブでは予防医療や地域活性という目線から地域とスポーツのかかわりを考えるよい機会となりました。実地で得たこの経験を大学生に伝え、地域貢献を伴ったリーダーシップのとれる人材を育ててみたいと思っていたところ、また神奈川大学から声をかけていただき、監督として復帰が叶って今に至っています。

サッカーは技術が必要なスポーツであるのは勿論ですが、チームスポーツですから選手ひとりひとりに人間力がなければいけません。試合に出る選手、控えの選手、サポートをしてくれるスタッフ、監督、コーチ、審判、そして保護者を筆頭にサポーターがいる中で、しっかりと自分の人格を磨いていかなければ通用しないのです。自分のやりたいプレーをしているだけでは、周りと良いコミュニケーションがとれず、仲間とのコンビでアピールをすることが難しくなります。子どものサッカーを見ていると、大きく空いたスペースでボールを操り、個人でチャンスをものにすると上手な選手とされます。組織化されていない幼少期のサッカーであれば、こうしたプレーヤーであっても特に問題はありませんが、年齢が上がってサッカーのレベルが高くなり、大きなスペースや時間が失われてくると次第にコミュニケーションがとれない社会性のない選手は通用しなくなります。スペースと時間がなくなり、技術・戦術も含め、より高度なプレーが求められる時に、周りとうまくコミュニケーションがとれなければ、自分だけでなくチームも輝けないという悪循環に陥るわけです。

私は、身体能力は高いものの、この周りとコミュニケーションをとってプレーすることが苦手な選手でした。高校二年の時に国体の代表チームに選ばれ、貴重な経験をさせてもらったにも拘わらず、そこで得たものを活かすことができませんでした。それは自分の人間力の低さがすべての原因になります。しかしながら、恩人の

導きで自衛隊に入隊させて頂いたことで、いろいろな人に支えられて自分の生活が成り立っていることを理解し始めることができました。高校時代、同じようなことを先生から何度も注意されていたのですが、本当のところはわかっていなかった。自衛隊での経験がやっと私を目覚めさせてくれました。前向きに楽しみながら様々な経験を重ねることで、自己肯定感が高まり、同時に社会での評価も得ることができるということを学んだ私は、ぜひこうした経験を学生たちにも積ませ、人として大きく成長して欲しいと思うようになりました。「後悔するぞ！今やらなきゃどうするんだ」と先生方には高校

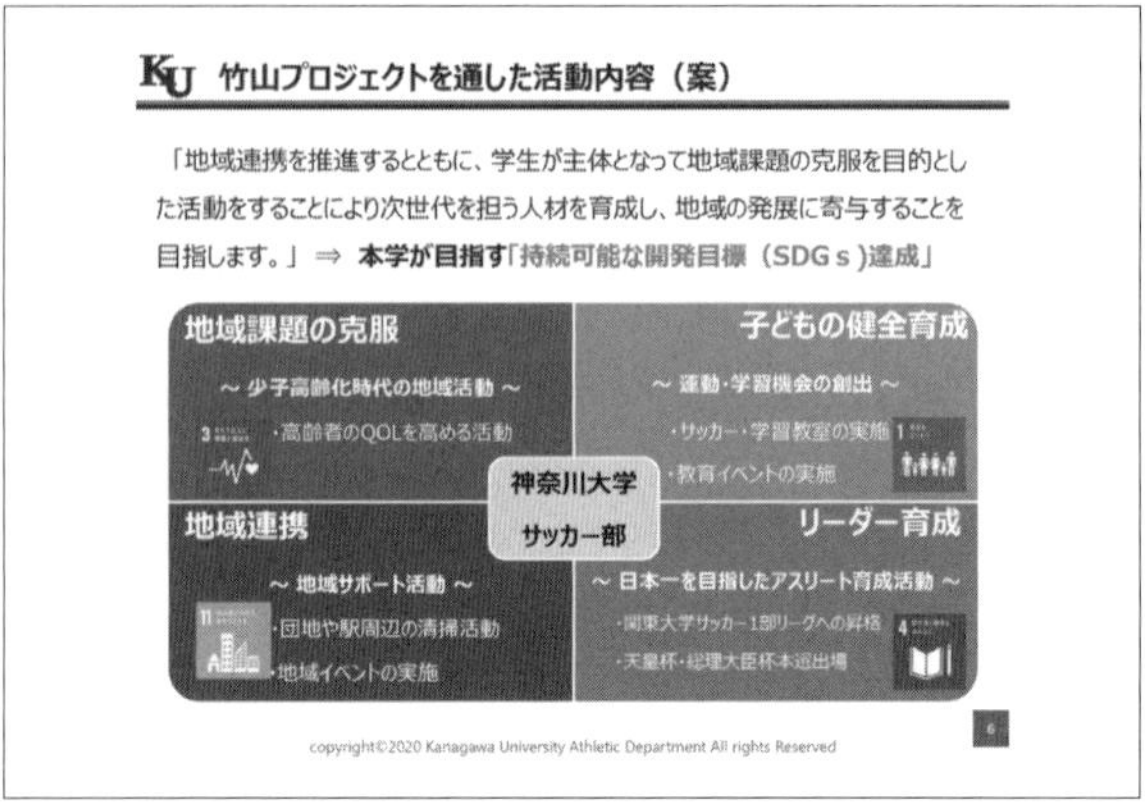

時代、ずっと言われてきました。それがやっとこの年齢になり、指導者になって初めてわかったのです。選手に多くの社会経験を積ませることは私の指導の特徴のひとつとなっています。

竹山団地プロジェクト

どんな経験を積む場合でも、学生たちには「一生懸命を楽しもう」と伝えています。「楽しい」と「一生懸命」の中間が取れるようにやって欲しいのです。大学生の大多数は、卒業すると社会へと出ていく立場にありますが、与えられた良い環境を受け身で経験しても意味がなく、彼らが自発的に取り組まないと将来の糧にはなりません。サッカーを通じた人材育成の一貫として取り組もうとしているのが、横浜市緑区にある竹山団地での「竹山団地プロジェクト」です。神奈川大学の建学の精神には、藤嶺にも通じる「質実剛健」のほかに「積極進取」「中正堅実」があります。自主的主体性を持って新たな価値を創造していく「中正堅実」には、地域貢献での人材育成も含まれます。私はこれをサッカーと連動させた仕組みにできないかと考え、サッカー部を全寮制にして学生たちを竹山団地に住まわせて頂くことになりました。それが「竹山団地プロジェクト」です。これは二〇一五年九月の国連サミットで採択されたＳＤＧｓという活動を推進する学校法人神奈川大学と神奈川県住宅公社との連携協定により始まったプロジェクトになります。ＳＤＧｓとは「Sustainable Development Goals（持続可能な開発目標）」の略称で、国連加盟百九十三ヶ国が二〇一六年から二〇三〇年の十五年間で達成するための十七の大きなゴールと百六十九のターゲットを掲げたものです。この団地には六千八百人ほどの住民が住んでいますが、六十歳以上の人口が五〇％以上のまさに日本の近未来の縮図とも言える場所です。ここに学生を住まわせて頂き、近所の子どもたちに勉強やサッカーを教え、また地域活動に参加させて頂きながら地に足がついたリーダーシップ能力を身に着けさせて頂きたいと考えたのです。これはまさに私が自衛隊で経験したことの竹山団地版と言えるもので、竹山団地という社会の中で生活に密着した様々な経験を積ませて頂きながら、この地域が更に良い循環を生み出す一助となることをめざしています。夏の花火大会や冬の餅つきといった文化行事への参加はもちろん、将来的には地域と連携しながらカフェを運営し、学生がいない午前中に高齢者にワンコインランチを提供したり、夕方はこども食堂を運営したり、また、授業の終わった学生は子どもたちに勉強を教えたりと夢は無限に広がります。この春から第一期生が入寮する予定です。

私はスポーツエリートを育成したいわけではありません。将来、地域に溶け込み、地域貢献でコミュニティをリードしていくマインドを持った人材を育成したいと考えています。これからの時代、地域が結束していかなければ、自治体は立ち行かな

神大サッカー部で取り組んだ、大磯の耕作放棄されたみかん畑の再生活動

くなるでしょう。自分の利益のためだけに動くのではなく、地域のために動くようにならない限り、日本は絶対に良くならないと思うのです。海外では公務や兵役に一定期間参加させることで若者を育てている国もありますが、日本にはこうした制度がなく、若者のエネルギーはスマホに吸い取られ、消費社会にスポイルされていることが多いように思います。そこに危機感を感じるのです。これまで私が受けてきたさまざまな影響やさまざまな経験をこれからの若者たちに伝えていきたい。そのために自分ができることは、学生とともに泥臭く経験

を積み重ねるほかありません。ただ面白くないとつまらないので、いかに明るく楽しくするか。それを考えて生まれたのが「竹山団地プロジェクト」です。ふざけすぎたら一生懸命に、一生懸命やりすぎたら楽しく、「一生懸命を楽しむ」中で刺激を受け、より面白い人材が育っていくのではないかと思うと、今から楽しみでしかたありません。

日本版スポルトガルデンに向けて

最後に、二〇一八年に「ＯＮＥ ＮＡＴＩＯＮ ＣＵＰ」という世界八ヶ国、オーストラリアや中国、南アフリカなどから子どもたちを呼んでサッカー大会を開催しました。各国の代表チームは湘南地域の学校を回って日本の文化に触れ、同年代の子どもたちと交流し、国際的な地域交流を生み出すことができました。次は二〇二八年に規模を大きくして横浜にて開催したいと考えています。

私はこの経験をもとに、「ＯＮＥ ＮＡＴＩＯＮ ＣＵＰ」を事業の一環として取り組んでいるドイツの公益法人「スポルトガルデン」のコンセプトを日本に持ち込み、同じような取り組みの日本版を展開したいと考えています。「スポルトガルデン」とは英語で「スポーツガーデン」の意味となり、多国籍の人々が集い、スポーツによる交流のほか、動物とのふれあい、音楽、絵画などの芸術活動、また、職業体験など、さまざまな社会教育の場としてハードとソフトの両面で充実した活動が展開されています。学校や家庭において寂しい思いをしている子どもたちの居場所や大人として社会参加するための経験の場でもあります。また、ドイツではいろいろな国から移民を受け入れていますが、ドイツ語がうまく話せなくても、自分の興味のあるものを接点として社会参加できる「スポルトガルデン」の取り組みは大いに注目すべきものです。日本にもこういう活動の場があれば、いろいろなバックグラウンドを持つ子どもが自由に参加できるのではないかと考え、この夢の実現に向け、一生懸命を楽しみながら力を注いでいきたいと思っています。

大森酉三郎（おおもり・ゆうざぶろう）

一九六九年、神奈川県茅ヶ崎市出身。一九九三年、中央大学法学部政治学科卒。一九九三年四月、海上自衛隊に入隊。自衛官によるサッカーチームである海上自衛隊厚木基地マーカスに参加。一九九八年、神奈川ゆめ国体に出場して優勝に貢献。選手引退後は神奈川大学体育会サッカー部監督に就任。当時神奈川県一部リーグに所属していた同サッカー部は四年で関東一部に昇格。二〇〇九年七月、セルビアで開催されたユニバーシアード競技会に全日本大学チームのコーチとして参加して世界第三位となる。二〇一一年、神奈川大学人間科学部人間科学研究科前期博士課程修了後、出身地である湘南地域の湘南ベルマーレ、一般社団法人星槎湘南大磯総合型スポーツクラブにおいて地域スポーツ振興に携わる。二〇一九年四月、神奈川大学スポーツセンタースポーツ戦略室職員として同大学男子サッカー部監督に復帰。

全ての夢は自分の興味の先にある

フリーランスカメラマン　安田哲郎
（四十期　昭和六十二年度卒）

報道カメラマンからの転身

私は自分の興味を突き詰めた結果、現在では国内のみならず世界中を飛び回るテレビカメラマンとして活躍させていただいております。高校時代は野球部に所属し主将も務めていました。大学進学後も野球部に入部したのですが、自分の子ども時代からの夢であったプロ野球選手になれるレベルではないと限界を感じ、入部から三ヶ月で野球を辞めました。それまで野球一筋の人生を送ってきたので、野球から離れた瞬間自分には他に何の目標も無く、この先どうしたら良いのか途方に暮れていました。ただ幼少期から水泳を習っていたので、泳ぐことが大好きでした。大学前期の授業も終わり暇を持て余していたので、近所の市営プールに朝一番で行き、プールが空く夜の時間帯と毎日朝晩通っていたところ、よほど暇だと思われたのかそこで監視員のアルバイトをやらないかと声を掛けられました。最初は戸惑いましたが考えてみると休憩時間にはタダで泳げるし、アルバイト代も貰えるならこんな好都合は無いと即決し、翌日から監視員のアルバイトを始める事にしました。

しかし、そこで待っていたのは普通のプール監視員とは大違い。そこの監視員は湘南一帯のライフセーバー二百人程が所属する大きなチームの統括本部になっており、誰もが業務時間外は全てライフセービングのトレーニングに取り組むという超

体育会系のライフガードチームでした。必然的に私はライフガードとしてそのチームに所属し、毎年開催されるライフガード大会などに出場するため、寝る間を惜しんでトレーニングに打ち込むようになりました。体力には自信があり泳ぎもまあまあ速かったので、トップになってやろうと意気込み、人命救助の技術習得と荒れた海などの過酷な状況でも臆することのない体力と精神力を教え込まれ、学校に行く間も惜しんでライフガードに没頭しました。徐々に海への憧れが強くなり、この海で仕事がしたいと思うようになっていきました。

その頃、子ども時代に観たテレビドキュメンタリー番組「驚異の世界」が再放送されており、海洋学者のジャック＝イヴ・クストーが世界中の海を潜り探検して行くという番組で、ますます海の中を観てみたいという願望が湧いてきました。そこで、まずは潜水機材を使わずに潜るフリーダイビングを始め、フィンスイミングのインストラクターを取得、そしてスキューバダイビングライセンスを取得し、年間二百本以上潜るようになりました。その他、小型船舶免許など様々な資格を取りました。プールで働いたアルバイト代はすべて趣味に注ぎ、オフシーズンには一人で世界中の海へ潜りに行くようになりました。そこで観たこの素晴らしい水中世界を映像として多くの人に観てもらい感動を与えたいと考えるようになりました。それを実現させる為には何をするべきかおのずと答えが見えてきました。高価な水中カメラ機材を買う為に昼夜を問わず働き、その水中ビデオカメラを持って素晴らしい映像を撮りたいと思いまた綺麗な南の海へ行きました。しかし、現実はそんなに簡単ではなく、水中にカメラを持って行くだけでも大変な作業で、ましてや水中生物を撮影するのは本当に難しく失敗の連続でした。もっと映像について勉強する必要があると感じ専門学校へ行くことも考えましたが、そこで思いついたのは手っ取り早くテレビ局へ入って技術を習得すれば、お金をもらいながら学校へ行かずとも映像技術が学べるのではないかと考えました。しかし、テレビ局への入社はハードルが高かったので、関連の制作会社へ就職しました。そこで最初に命ぜられたのが報道カメラマンとしての仕事で、事件・事故・災害などあらゆる現場へ行き、誰よりも早く的確な映像を撮って情報を収集し、どこよりもいち早くニュースとして放送する事が仕事でした。もともと負けず嫌いな性格でしたので、誰よりも多くスクープを撮りたいと寝る間も惜しんで三百六十五日がむしゃらに現場を駆け回りました。

仕事が面白く報道カメラマンは自分に向いている仕事だと思いましたが、五年、六年と月日が流れ、日々事件現場を駆け回る自分が本当に目指している夢は何だったのだろうかと疑問に感じるようになり、このままで良いのかと自問自答の日々でした。そんな時、会社の有給休暇が使われないままに消滅している事に気付き、意を決して会社では誰も取得しなかった有給休暇をまとめて二週間取得したいと上司に懇願。半ば諦められたのか

上司から良いとも悪いとも言われないまま勝手に休暇を取って撮影の旅に出ました。西オーストラリアで多く遭遇することが出来るジンベイザメという最大の魚を撮影しに行きました。そこで偶然NHKの自然番組ディレクターと出会い、一緒にやらないかと誘われた事をきっかけに、入社から七年目、退職の意向を固めフリーランスカメラマンとして独立しました。しかし、フリーランスになって自分には映像の基礎的な知識が圧倒的に不足していることを痛感させられました。やはり映像の専門学校を出て基礎を学んできた人間と私のように独学で学んできた人間が同じフィールドに立つと、その基礎知識の差は歴然とします。何事も基礎を広く固めないと、その上の山は大きくならないと感じた私は、まず世界中の番組を観てその番組がどの様に作られているのか、そこで使われている機材はどういったものなのかを徹底的に勉強しました。様々な展示会へ足を運び、わからないことがあればメーカーや専門家に質問し、専門書を読み様々なセミナーを受講するなどして映像と撮影技術の知識を蓄積していきました。

これまでそれといった人生の目標も無く、自分が好きな事、興味がある事だけをやってきましたが、自分に何が足りないのかを考えそれを補うために努力する。何かを成し遂げればまたその先に本当の面白さが見えてくるのだと思います。アルバイトをして自分の欲しいものを手に入れ、自分が感動したものを表現し人を喜ばせたいと思う気持ちがあれば、自分の趣味が仕事として世の中の役に立つという事だと思います。

興味のあることとやりたいことがあれば、その目標へ向かって今すべきことを着実に積み重ねていけば必ず目的を達成する事ができます。すぐに結果は出ないでしょう。しかし、とことんそれを突き詰めて、後悔せずに思いっきりやってください。そのためにお金が必要であれば一生懸命働いてお金を貯め、自分のお金で欲しいものを買って下さい。私は自分への投資だと思い寝る間も惜しんでアルバイトをしました。そして一生懸命遊びました。それを突き詰めた先にやりたいことが見つかったのだと思います。

カメラマンと言っても、報道、スポーツ、広告業界とさまざまな分野があります。私は今では自然ドキュメンタリー番組からバラエティ番組まで幅広いジャンルを手掛けています。しかし、その始まりは海外の自然番組でした。将来自分もこのような映像を撮れるカメラマンになりたいと頭の中でイメージすることで、次第にやりたいことが明確になり自分にできることを着実にやっていく、できることを積み重ねていくことで道が自ずと拓けてきます。

試される環境適応能力

自然を相手にする撮影では、普段観光で行くような場所にはまず行きません。一ヶ月、二ヶ月、三ヶ月と長期に渡り誰も日本人に出会わないというのが当たり前です。アフリカ東部のタンザニアにてチンパンジーの撮影に行った時のことです。成田空港から飛行機を乗り継ぎ、タンザニアの旧首都ダルエスサラームまで日本から二日間、そこから更に車と小型飛行機を乗り継ぎ、タンガニーカ湖という湖のほとりにあるキゴマという小さな街へ行き、三ヶ月分の食料を仕入れ小型木造船で湖を十二時間ゆられ、マハレ国立公園という場所に到着。当然ながら電気、水道などは無く電話も通じません。日本との連絡手段は唯一緊急用の衛星電話のみで、ラジオもテレビも新聞も無く、一切の情報から隔離された中で三ヶ月間の撮影を行います。飲み水は湖の水を沸騰させてから冷まし、泥が沈殿したうわずみを更にフィルターでろ過し、毎日一リットルの飲み水を作ります。そこでは夜明け前から日没後まで重い撮影機材を抱えてジャングルを歩き回りチンパンジーの生態を撮影します。食事は現地の女性を料理人として雇い作ってもらいますが、調理中に鍋を混ぜたしゃもじを地面に置き、土がついたままかき混ぜるのです。衛生環境が悪いから食べられないと言っていてはこの仕事はできません。アフリカではトウモロコシの粉をお湯に溶いて練ったものを「ンガリ」と言ってそれを主食としています。根菜やトマトなどを煮込んだスープにンガリを指で平らにしスープの具を包んで食べるというのが一般的ですが、現地では一切食材が手に入らず街で仕入れたものだけを三ヶ月間食べ続けなくてはいけません。調理をしてくれる現地の若い女性は一生懸命作ってくれるので撮影が休みになった時など、一緒にニワトリの毛をむしって調理方法を教えたりしました。

極端にタンパク質と脂肪分の少ない食事によって、三ヶ月後の帰国時には体重が十五キロほど減ってしまうなんて事はよくあります。私は長期海外ロケに行く前には必ず行きつけの医者に事情を説明し、様々な病気に対応出来る薬を持って行くので、薬の知識も必要になります。それはライフガード時代に習得した救急救命の技術が役に立っており、それが自信になっていると思います。それでも定期的な予防注射は欠かしません。一度だけ赤痢と思われる病にかかったことがあり四十度近い熱と嘔吐、下痢、全身が硬直し、もうだめかもしれないという状況に陥りました。そこは乾いた荒野を八時間ほど車で行かなければ病院も無いような場所なので、仕方なくコーディネーターが現地の村の人を呼んでくれたのですが、そこに現れたのはどう見ても医者ではなく派手な衣装を着たシャーマン（祈祷師）と思われるおばちゃんでした。高熱により意識が朦朧とする中で「この人は医者なのか……」という思いがありましたが、ほかにすがるものもないので診てもらったところ「どんな薬を飲んでいるのか？」と聞かれ、その時日本から持ってきた抗生物質を見せたところ「この国にこれ以上よい薬はない」と言われ、もう救急ヘリを要請しないとダメかと諦め掛けていましたが、薬を飲み続け三日目ぐらいに回復の兆しが見え、なんとか助かったということがありました。また、別の撮影ではジャングルを移動する際、先頭を進むレンジャーが生い茂るブッシュを鉈で切り開きながら進むのですが、切った枝の先端が太ももに刺さり、十センチほどパックリ切れてしまいました。傷口を止血するためその場にあるもので対応するしかなく、とっさにアルコールを含んだレンズクリーナーで消毒し、機材を応急処置する為に携行しているガムテープを巻きつけて止血しました。そのおかげで感染症にもかからず傷口を縫合せずとも化膿する事無く無事に治りました。この仕事をしていると普通の旅行では味わえない人との出会いや、エキサイティングな体験の連続ですが、如何にこれまで自分が衛生的で免疫力のない環境に育ってきたのかという事を痛感させられます。アフリカ人は土の上で子どもを出産し、土の上に寝かせてもちゃんと育ちます。病院も無く医療も受けられないので、多くの子どもが成人を迎える前に死んでしまうのも現実ですが、本当に強い子どもしか生き残れないので、我々現代人とは人間としての生命力の違いに驚かされます。撮影中の不慮の怪我や病気など注意していても起きてしまうことは仕方なく、いかにその場にある物だけでその場を乗り切るか、想像力と忍耐力が試されます。あらゆる環境で適応する能力が必要とされ、そんなサバイバルな時こそ生きていると実感できる瞬間であり、この仕事の素晴らしさを多くの若者に伝えたいと思います。

高校時代が糧に

撮影チームは外国籍の人や現地人コーディネー

ターなど、人種や世代もさまざまです。いろいろな国の人間が集まり、数ヶ月間生活を共にするわけですから、そこでは協調性と人間力が試されます。もしひとりでも調和を乱す人がいれば、チーム全体に影響が現れます。さまざまな言語が入り乱れる中でいかにコミュニケーションをとり、お互いが気持ちよく過ごせるか……そこは高校時代の修養や野球部での経験が役立っており、その時はなぜこんな辛いことをする必要があるのかと思っていましたが、年齢を重ねるうちに生きていくうえで本当に必要なことを教えてもらっていたのだということが理解できるようになってきました。当時説法をしてくださっていた老師は現在小田原にいらっしゃいます。今でも年賀状のやり取りをし、ご自宅にもうかがい、そのたびに忘れていた初心を思い出させてくれます。人間は時間と共にいろいろなことを忘れ、自分の姿を客観的に見られなくなる生き物だと思います。老師は、当時の気持ちを思い起こさせてくれる大切な存在です。

撮影チームは数人から多い時は二十人くらいがひとつの集団となって動きま

す。世界に負けない素晴らしい映像を撮る、それが一番の目的ではありますが、過酷な環境の中で過ごしていると上手くいかないことも多々ありストレスもたまります。そんな時は撮影監督としてみんなをまとめるのが私の役目。料理を振舞いささやかな晩餐をすることでスタッフみんなを和ませ、疲労が溜まって来ていると感じ

た時には撮影を休みにして観光をしたり、みんなが気持ち良くいい仕事ができる環境を整える。これは野球部でキャプテンであった経験が生かされていると思います。私がキャプテンだった年は、野球部に約百五十人近くの部員がいてチームとしてまとまっておらず崩壊寸前でした。上級生が下級生に対し私用で買い物に

行かせるなどチーム全体の雰囲気が悪く、キャプテンとして退部を促さなくてはならず、嫌がらせを受けたり喧嘩を売られたり辛い状況が続きました。この状況に耐えかねて監督や部長に「自分には向いていないのでキャプテンを辞めさせて欲しい」と申し出たところ、「今は辛いかもしれないが、この先の人生においてこれ以上に辛いことはきっと無いので、今は辛い状況だが頑張れ！」と。その言葉を聞いた時「もう少しだけ頑張ろう」と思ったのです。本当に辛くていつ辞めようか、そればかり考えていたのに、「これ以上辛いことはない」と言われてそうかと真に受けた自分がいました。ただこの一言は私にとってとてつもなく大きなもので、今でも忘れたことはありません。あれから三十年以上生きていますが、確かにあの時ほど辛いことはない。どんなに過酷なジャングルやマイナス四十五度の極寒の中でも、泥水の中でヒルに血を吸われながら何ヶ月もジャングルを這いずり回っていても、辛いと感じたことはありません。その状況が楽しくてしょうがない。過酷な環境に身を置いてもまったく辛いと感じないほどに、精神的に鍛えられた高校生活だったのです。

経験が生きる

子どものなりたい職業の第一位がＹｏｕＴｕｂｅｒと言われる昨今、自然を相手にするカメラマンになりたいという若い人はあまりいません。もっと楽に稼げる仕事が世の中にはたくさんあるのですから、泥水をすすり、わざわざ過酷で危険な仕事をしようと思う人はあまりいないのでしょう。今、日本国内に自然番組を撮影できるカメラマンは、ほんの一握りだと思います。

仕事の始まりは、北極でオーロラを撮影したいが、どのような機材と準備が必要か？　と言ったようなざっくりとしたオーダーが多いです。そのオーダーを現実的な撮影に落とし込むにはこれまでの経験の蓄積がものを言います。全ての仕事は経験を重ねることでスペシャリストに育っていくと思います。カメラマンという仕事はこれほど経験値が生きる仕事はないと言えます。自然を相手にするカメラマンの多くは山岳撮影や水中撮影などに特化していますが、私は水中撮影から山岳撮影、

動物撮影や極寒の地でオーロラの撮影、人間ドキュメンタリーや歴史的建造物も撮ります。ジャンルを問わず全ての分野で撮影できることを強みにしています。その底辺にあるのは撮影への飽くなき興味です。例えばイギリスＢＢＣの番組「ブループラネット」を見て、一体どうやって撮影しているのだろうと思えば、その撮影技術を調べます。撮影方法がわかれば今度はそれを自分で試しにやってみます。新たに機材を開発することも行います。その例として、ラジコンヘリにカメラを載せたらどんな映像が撮影できるのだろうという発想からドローンが生まれました。最初はなかなかうまく撮影ができませんでしたが、振動を抑える防振装置を独自に研究開発する

ことで放送にも耐えられる映像が撮影でき、それをもとに日本列島各地をドローンによる空撮で番組制作することに成功したのです。

自然番組は予算が多額にかかるため民放での制作が難しいのが現状です。今の日本で自然番組にお金をかけ、世界に負けない映像を撮影できるフィールドはNHKぐらいしかありません。そしてそこには海外の真似ではなく、日本人にしかつくれない自然番組があります。日本人独特の美徳観やわびやさびをいかに映像表現するか。海外の人が見た時に「日本らしい」と言われる番組作りを常に心掛けています。海外のドキュメンタリーは映画的な撮影手法で派手な演出が多いですが、私は派手な映像だけではなく繊細でありながら意味を持ったこだわりのある映像を撮ることが目標です。

想像力を養おう

私の会社にはいま見習いの若者が四人います。見習いとして何をするのか。そこで大事にしているのが経験です。経験できるフィールドを提供するのが自分に与えられた使命で、その経験から何を学び取るかは彼ら自身の問題です。経験があればそこから物事を想像することができます。たとえ勉強が苦手でも、想像力があれば世の中を生きていくことができるのです。想像力は常に自分が何をしなければいけないか、どう見られているか、何がベストかを考えるもとになります。みんなで食事をしている時、あなたが一番年下であったとしましょう。先輩がみんなに水を持ってきたのを見て「それは君の仕事じゃない？」と言われて次からやるようになることがあります。ちょっとしたことですが言われる前に気づくかどうかなのです。人に対してちょっとした気遣いができるかはとても大事で、想像力の無い人と先人の意見を素直に受け入れることができない人は何をやっても中途半端になってしまいます。一流大学出身でいい番組をつくる優秀なディレクターはいっぱいいますが、彼らの中には想像力が足りない人も多く、取材中に気遣いや言葉が足りなくて相手を怒らせてしまい取材が続かないということをこれまで多く経験してきました。勉強ができるということは大事なことですが、想像力はもっと大事なことだと言えます。

自分に向いていないと思うとすぐに辞めてしまうといった話もよく聞きますが、私は何事も最低五年は継続すべきだと思っています。それは物事の全体像を見るために五年は必要だと思うからです。私は撮影の仕事を二十年以上続けていますが、最初のうちは経験値が足りず、思うような撮影ができずにいろいろな人に迷惑をかけていました。今は経験を積んだ事で良い番組をつくるためにどれだけ自分の技術やノウハウを提供できるのか、恩返しをしていく時だと捉えています。今振り返ると、私は子どもの頃からこの仕事が夢であったわけではありません。いろいろな経験が自分の興味を掻き立て今があります。そこには決して無駄なことはない。勉強も大事ですが、いろいろなことを経験して、自分の興味のあることをどんどん突き詰め、今やりたいことをとことんやってみて欲しいと思います。自分の将来は誰にもわからないことなのですから。

安田哲郎（やすだ・てつろう）

一九六九年東京都新宿区出身。一九八二年神奈川県藤沢市転入。一九八八年藤嶺学園藤沢高等学校卒業。一九九四年明治学院大学文学部中退。一九九五年関東ニュースネットワーク（株）入社（テレビ朝日報道局映像センター配属）。二〇〇二年退社後フリーランスカメラマンとなる。二〇〇六年NHKの番組撮影を始める。二〇一六年（株）タイムレスビジョン・プロを設立し、代表取締役を務める。趣味は燻製ハム作り。特技は料理と日曜大工。

これまでの主な作品

・NHKスペシャル
『アフリカタンザニア　森の政権争い　～長老チンパンジーの大活躍～』『深層崩壊が日本を襲う／崩れる大地　日本列島を襲う豪雨と地震』（台湾）『ジオ・ジャパン　～絶景列島を行く～』『大沢たかお神秘の北極圏』『ホット・スポット』

・ワイルドライフ
『プレーリーの王者バイソンが駆ける』（アメリカ）『中米コスタリカ　情熱の鳥を追う』

・日本列島誕生　～大絶景に超低空で肉薄～

・ダーウィンが来た！
チンパンジー／テングザル／イボイノシシ／ヤマアラシ／クロマグロ／ネッタイミノカサゴ　など

・鶴瓶の家族に乾杯

・プロフェッショナル仕事の流儀
・ガッテン！
・日本人のおなまえっ！
・歴史秘話ヒストリア
・日本縦断こころ旅
・コズミックフロントＮＥＸＴ　など

「好き」を仕事に

東京大学総合研究博物館助教　矢後勝也
（四十一期・昭和六十三年度卒）

東京大学総合研究博物館で教員として蝶を主体とした昆虫の研究をしています。幼い頃から昆虫が好きだった私は、今、自分の好きなことを仕事にしています。これまで歩んできた道を振り返って思うことは、自分の好きなことを仕事にするのが一番楽しい、ということです。好きなことを仕事にするためには、早い時期に、できれば中学・高校時代にしっかりと目標を見定めて、それに向って突き進むということが大事なのではないでしょうか。きちんとした信念を持っていれば、「寄り道」や失敗があったとしても、いつか目標とする仕事を手にすることができると思います。また、もし早い時期に目標をたてられなかったとしても、常に様々なことに興味を持って接していれば、自分の進みたい道が見えてくるのではないでしょうか。

昆虫大好き少年

先に述べた通り、私は小さい時から昆虫好きで、物心つく頃にはすでに虫をよく追いかけていました。昆虫のなかでも特に蝶が好きでした。子ども向けの図鑑を見ると、当時の図鑑の多くは蝶のページから始まっており、蝶に関する情報量が他の昆虫と比べて圧倒的に多かったのです。そのために自然と蝶の名前を覚えていきました。

小学校二年生の時に南足柄市から秦野市に引っ越したのですが、秦野周辺には多くの山と川があり、また丹沢の麓で環境がよく、生き物が豊富な場所でした。南足柄では見たことのなかった日本の国蝶・オオムラサキが普通に飛んでいるのを目にした時は、とても嬉しかったことを憶えています。図鑑のなかでしか見たことのな

丹沢の麓にある弘法山の頂上付近。尾根はハイキングコースとなっており、斜面にはヤマユリが咲き乱れている

かった蝶が実在するということに感動しました。この頃から昆虫標本も自分の手で作るようになり、将来は昆虫の研究者になりたいと思うようになりました。

本校で過ごした高校時代も、秦野から通学していました。勉強に関する良い思い出はありませんが、当時は普通科のほかに機械科や電気科もあったので、生徒に多様性があったことが、私にとってはとても良い環境でした。科が違えば考え方の相違もあったと思うのですが、野球部ではない私が、元野球部のメンバーと野球チームをつくって楽しむことができたり、生徒の間に学科の違いから生じるような垣根がなく、いろいろな人と交流が持てたりと、生徒同士が仲良くできる雰囲気がありました。当時のメンバーの何人かとは今でも連絡を取り合う仲。放課後や土日をこのメンバーたちと過ごしていたのですが、そのような生活のなかでも蝶は採り続けていました。

大学時代、アルバイト先に選んだのが網や標本、そして標本をつくる器具の販売を行う昆虫関係の会社でした。そこに故・鳩山邦夫代議士がよく出入りしていたことがきっかけで、このあと私は鳩山代議士の秘書として働くことになります。

代議士秘書 蝶担当に

実は鳩山代議士は世界的にも有名な蝶の研究者でもありました。仕事柄、代議士にはフィールド（野外調査）に出る時間がほとんどありませんでした。そのため、わずかな合間を利用して蝶の採集に行くのです。ある蝶と決めたら、その蝶のメスのみ一、二頭を採集し、その後は蝶に卵を産ませて増やします。一定の場所の蝶を採りつくすのではなく、飼育して増やそうということです。鳩山代議士の頭のなか

沖縄・西表島への遠征（平成5年9月）。右が故・鳩山邦夫代議士、左が筆者

には、最初から「蝶の保全」が念頭にあった訳ではなかったかもしれませんが、飼育に邁進した代議士が行ったことは、蝶の飼育技術を非常に向上させました。残された書籍や論文は、現在、絶滅危惧種の保全に生かされています。

そのような鳩山代議士にとって、私のアルバイト先だった昆虫関係の会社は、多忙な仕事から少しだけ解放される良い休息の場所でもあったようです。情報交換をしたり、お茶を飲んだりして、会合の時間になるとまた出向くということがよくありました。そこで会社の方を介してたまたま私にお声がかかりました。

当時、文部大臣だった鳩山代議士による面接は、文部省の大臣室で行われました。

アルバイト先でたまに顔を合わせていましたが、長時間二人で話すということは、その時がほぼ初めて。とても緊張しました。赤絨毯の上で、どんなことを言おう、こんなことを言おうと、メモした手帳を見ていると、大臣秘書官から大臣室に呼ばれました。なかに入るやいなや「やぁ矢後くん、来たかね。どうだね、このチャマダラセセリは」と仰いながら、箱一杯に標本が敷き詰められた大ドイツ箱（昆虫標本専用の収納箱）を出してきて、「これは最近つくったなかでは一番いい標本でね」と始まりました。現在は絶滅寸前の蝶となっているチャマダラセセリですが、約三十年前の当時でも徐々に姿を消し始めていて、この蝶の標本を集めるのがやや難しくなっていました。そんな蝶をここまで大きく、しかもたくさん飼育する人はいないだろうなどと、結局そのような話を一時間ほどしました。それで「なんだったたっけ？　そうだ、きみを事務所に入れるっていう話だったな。うん、まあわかった。四月一日から来い。そういえばオオルリシジミの累代飼育（動物や昆虫などを何世代にもわたって繁殖させて飼育すること）をきみが来た時にやりたいから、蛹を二十個ほど集めておいてくれ」で終わり。結局、蝶担当の秘書として無事に採用されました。

鳩山邦夫事務所に入って最初に、面接で話題にあがったオオルリシジミという蝶の累代飼育に携わりました。累代飼育にあたってオオルリシジミを二十蛹集めてくれと言われていましたが、すでに当時から絶滅危惧種だったため、二十蛹も集めることはかなり大変でした。オオルリシジミは春に成虫になって食草クララの花穂に卵を産み、その約一ヶ月後に幼虫から蛹になって、蛹のまま春まで過ごすという年一化性の蝶のため、その捕獲は一年にワンチャンスしかありません。しかもある程度の数を集めるには、クララの花穂に付くのが目立つ終齢幼虫の時期、わずか十日前後の期間のみとなります。蛹になると地面の隙間などに潜るので、まず探し出せません。はじめは過去に採集したことのある長野の東信地方（長野県東部）に行きましたが、まったく見つけられませんでした。それでも数日かけて、なんとかこれまでに知られていない新しい場所を見つけ、結果として累代飼育に挑むことができました。

今思えば、オオルリシジミの累代飼育をこのタイミングで行っていてラッキーでした。累代飼育を始めて何年か経過した後に、実際にオオルリシジミは東信地方でほぼ絶滅状態に陥ってしまったのです。しかし、この種を偶然にも私たちが累代飼育の技術を開発したり、生きた個体を所持していたことで、地元での努力の甲斐もあって野外で復活させることができたのです。その後、天然記念物や県希少野生動植物種に指定されたオオルリシジミは、多くの地元住民や行政により保護・増殖が進められるなど、積極的な保全活動が続けられています。

オオルリシジミの累代飼育から始まって一年ほどは蝶の飼育だけをほぼ行っていましたが、その後は政務関係の仕事などにも携わるようになりました。鳩山代議士の秘書は当時、公設・私設あわせて常時

絶滅危惧種として知られるオオルリシジミ。長野県では積極的な保全活動が進められている

十〜十五人程度おり、私は私設秘書の末席として事務所に入りました。しかし、三年後に私より前に入社して残っていた秘書は四〜五人だけ。秘書というのはかなりハードな仕事です。政治に関わることだけでなく、代議士の環境づくり全般が秘書の仕事となります。蝶のことが一番気になっている時は、蝶が最優先事項。次に行う政策を不安なく考えてもらうために、蝶の飼育を安定させることが最も大事なのです。根底がしっかりしないと政治の仕事はできません。その根底を整えるのが秘書の仕事です。鳩山代議士からも「矢後くん、おれが起きてから寝るまでがきみの仕事なんだ」と言われ、昼夜問わず行動を共にしていたので、レクリエーション秘書とも呼ばれていました。蝶関連のことで失敗した時は、政治関連のことで失敗した時の十倍、二十倍と叱られるほどでした。

話は前後しますが、鳩山代議士との面接時に、私は三つの目標を伝えていました。一つ目は代議士が途中まで作成していた蝶の飼育に関わる本を完成させること。二つ目はオオルリシジミの累代飼育。三つ目は鳩山代議士の博物館をつくることでした。秘書として働いて三年を過ぎた時に母親が亡くなり、その後は家庭の事情もあって非常勤で働いて五年近く経過した頃、一つ目と二つ目の目標は達成できていましたが、三つ目は叶わないまま、しばらく実現はないだろう……と思っていました。一般的に博物館の研究者が持っている博士号を私は持っていませんでしたし、代議士ご自身も本気にせずに笑い飛ばしておりました。

そんな折、学生がとれない教養部に所属していた蝶の研究で有名な九州大学の先生が、改組して学生を受け入れるようになったという話を耳にしたのです。幼少の頃から慕っていた昆虫学者になりたいという思いが再燃し、いや、正確にはずっと心肝にあったと思うのですが、「九州大学の大学院に行きたい」と強く思うようになりました。鳩山代議士に事務所を辞める意志を伝えたあとは一悶着ありましたが、それでも最終的には私のことをとても気にかけてくれました。おかげで大学院に通うことができました。学位取得後も変わらずお付き合い下さり、よく宴にお声掛け頂いては蝶談義に花を咲かせたものです。代議士はとても人間味のある素晴らしい人で、本当に大好きな方でした。

蝶は環境を知るバロメーター

現在所属している東京大学総合研究博物館ではあらゆるものを研究し、収蔵、展示しています。教員は二十人ほどですが、誰一人として研究内容が重なっている人はいません。人類、動物、鳥、貝、植物、化石、隕石、土器、神殿、古文書、仏像、美術史など多種多様で、昆虫の研究者は私だけ。生き物は約二百万種近くが知られていますが、そのうちの過半数となる百万種が昆虫です。陸上でもっとも繁栄している生き物ですが、環境に強く依存しているため、人間の活動により絶滅している数も尋常ではありません。新種として名前もつかないまま絶滅していく昆虫がたくさんいるのです。

そのような昆虫のなかで、蝶は環境指標として非常に優れています。飛んでいる姿を見れば、採集しなくてもその種類や存在を確認できます。また、蝶の幼虫は種

平成30年東京大学総合研究博物館特別展「珠玉の昆虫標本」の展示会場。日本空間デザイン賞2019「金賞」も受賞した（撮影：Forward Stroke inc）

ごとに特定の植物のみを食べるため、蝶が豊富なところは基本的に植物が豊富で、環境にも多様性があります。つまり蝶を見れば、その生息地が草地なのか、灌木地なのか、高木があるのかなど、そういった環境の違いがよくわかるのです。例えば採ってきてもらった蝶を見れば、草木の高さや生えている植物、草原の面積といった生息環境や、場合によっては採集されたおよその時刻までもあてることができるのです。

蝶を通じて、私はあらゆる研究をしています。その内容は多岐にわたり、未知の場所にどういう昆虫がいるか、どういう蝶がいるかを調べることもあれば、国内で絶滅しそうな蝶の保全を行うこともあります。あるいはこの蝶、この生き物はどういう生活をしているのだろうかということを飼育しながら探ったり、フィールドに出ながら観察したりすることもあります。また、ＤＮＡというツールを用いたり、標本を解剖したりしながら、その進化や生きてきた系譜を明らかにすることもあります。

私が現在行っているような多様な生き物の種類、形態、生態、分布、系統、進化など、その生きざまを様々なアプローチから研究する学問を自然史学といいますが、自然史学の基本はフィールドにあります。なぜなら自然界に生きている姿を記述、整理する研究だからです。私も一年の半分はフィールドに出ていることもありました。今は展示や講義などがあるため、一年に二、三ヶ月程度です。

フィールドといえば、これまで世界二十五ヶ国ほどを訪れ、調査してきました。貴重な蝶がいるとわかって山に入る場合もあれば、わからずに入る場合もありますが、調査期間中は何ヶ月も山の中に潜り、その間は完全に外界から閉ざされます。

道もないところに入山する時は一人ではなく調査団をつくり、現地ガイドや荷物を持つポーターも雇い入れます。山には地形図を見て入りますが、水があることが大事です。数日間分の水は持っていきますが、なくなってしまうと、飲めるのは必ずしもきれいな水とは限りません。真っ黒でほとんど流れていないような水をすくって沸かして飲むことになります。「真っ黒だけど、この水で生活しなくてはいけない」と思ってすくうと、それが全ておたまじゃくしだったこともあります。「うわー、おたまじゃくしか」などと思いながら、それで体を洗い、頭も洗い、顔も洗い、それが飲み水にもなるわけです。三日もすると体におたまじゃくしがついていても、慣れてきます。昔、「川口浩探検隊」とい

カンボジア・カルダモン山脈での野外調査の様子（平成18年2月）。周辺は高い木々に囲まれて鬱蒼としている

うテレビ番組がありました。あれはテレビ用につくられたものかもしれませんが、私の場合は、まさに「リアル川口浩探検隊」でした。

カンボジア調査でカルダモン山脈を訪れた時は、経路の途中が地雷地帯でした。ちょっと用を足すにも「そっちの奥には入るな」とガイドに言われ、経路上にある村に着くと、子どものなかには足の指のない子がいる。地雷で吹っ飛ばされているのです。村を通りすぎると、高さ三〇メートルほどもある木ばかりの地で、今度はゾウやトラ、現地の人が一番怖がるガウルと呼ばれる巨大な牛までいる。加えてカルダモン山脈はマラリア危険地帯です。一錠四千円ほどもする高価なマラリア予防薬二錠を日本で購入して持っていきましたが、現地のコーディネーターに「これは効かない。これから町へ買いに行こう」と言われ、二〇錠ほど入って二ドル程度の新薬を現地で購入する始末。「最初から現地の予防薬を教えてくれよ」という気持ちでしたね。このように海外のフィールドでは、いろいろな生き物を見つけるために、場合によっては命を落とすかもしれないところへも入っていきました。

一方、国内では最も絶滅が危惧される蝶・ツシマウラボシシジミの保全に関する研究などを最近では行っていますが、この蝶は国内では対馬にのみ分布していますが、近年のシカの急激な増加により蝶の幼虫の食草や成虫の吸蜜植物が食べ尽くされて、蝶の生息地がごく狭い一ヶ所だけとなってしまい、ほぼ絶滅状態に陥ってしまいました。そこで各行政機関に要望書を提出したり、さらには増やすための飼育技術を開発したり、現地にシカ防護柵を設けて生息地を増やしたりと、たくさんの団体・個人と協働しながらこの蝶の保全活動を進めています。なかなか思うようには増えてくれませんが、近い将来、対馬のなかのどこでも見られるような環境を取り戻したいと考えています。

国内最絶滅危惧種となったツシマウラボシシジミ。増えすぎたシカにより植生が破壊されてこの蝶は激減した

過去の経験を生かして

私にとって鳩山代議士の秘書として働いた期間は、社会のしくみを理解したり、処世術を身につけたりするための貴重な時間だったと感じています。苦労も多かったのですが、自身の人生においては大切な時期でした。大学院に入りなおしたのが二十八歳の時ですが、二十八歳というと普通にいけば早い人はちょうど博士号を取る年齢。その年齢で進学して、学位をとったのが三十三歳。それから研究職に就くというのは、通常では大変な話です。あまり寄り道しないで最短で学位をとっていたら、もっと楽だったろうなと思うこともあります。しかし、私の場合には学位をとってすぐに現職につながるポジションがたまたまあり、やがて大学博物館に就職することができました。博物館の業務は調査・研究とともに、標本収集や展示、教育普及活動など、人と関わることが多い仕事です。若い時の苦労は買ってでもしろと言いますが、結果的に今とは別の仕事をしていた経験が生かされている場面もたくさんあります。好きなことをずっと続けていれば、すべての経験が糧となり、自ずと自分が進むべき道が切り拓かれてくるものだと感じています。悲しいことに、鳩山代議士は四年前にご逝去されました。秘書の面接時に立てた三つ目の代議士の博物館をつくりたいという目標を成し遂げることは難しくなりましたが、これからもずっと最後の目標を胸に秘めつつ、もし機会に恵まれれば、いつか実現できたらと思います。

矢後勝也（やご・まさや）
藤嶺学園藤沢高等学校卒業。九州大学大学院修了・博士（理学）。東京大学総合研究博物館助教。日本蝶類学会副会長、日本昆虫学会・日本鱗翅学会自然保護委員長。主に蝶類の自然史学、保全生物学に取り組む。

野球一筋、感謝の気持ちを込めて

東北楽天ゴールデンイーグルス二軍投手コーチ　石井　貴
（四十二期・平成元年度卒）

本校野球部は、百年の伝統と甲子園や関東大会への出場といった実績を兼ね備え、近年はシード校としても注目を集める存在になっています。私は本校初のプロ野球選手として、一九九三年ドラフト一位で西武ライオンズに入団しました。皆さんのお父さんやお母さんくらいの世代の方であれば、まだ記憶に残っている方がいるかもしれません。しのぎを削るプロ野球の世界で長く選手として活躍できたことは、今も私の誇りです。しかもありがたいことに、引退後も野球にかかわることができている、そのことに対しては感謝の気持ちでいっぱいです。今回このような機会を頂戴し、改めて私に野球の基礎を教えてくれた藤嶺へ感謝の思いとともに、野球を通じて得たことをお伝えしたいと思います。

木本監督にあこがれ藤嶺へ

私が野球を始めたのは小学生の頃でした。特に目立つことのない普通の野球少年

でしたが、六歳上の兄が桐蔭学園で野球をしており、桐蔭野球部の凄さを間近で感じていました。桐蔭学園は甲子園初出場ながら初優勝に輝いた木本芳雄監督率いる野球の名門校です。兄が指導を受けていた木本監督は、その後本校に移り、一九八五年、本校創立七十周年の記念すべき

年に初めて藤嶺を甲子園へと導かれた名将です。当時の藤嶺野球部は、横浜高校と肩を並べるほどの強豪校として知られていましたから、私もぜひ木本監督のもとで野球を学びたいと、本校の門をくぐりました。

本校を初の甲子園へと導いた木本監督の指導がいかに厳しいものであるか、それはある程度想像していました。ですがいざ入部してみるとその練習はやはり想像以上に厳しいものでした。辞めたいとは思ったことはありませんでしたが、高校、社会人、プロ野球での練習を思い返してみても、やはり一番厳しく辛かったのは高校時代であったように思います。

当時は今とは異なり野球部員は全員寮生活でした。寮での先輩、後輩の人間関係の難しさ、監督とは比べものにならないほどのコーチの厳しさ、それらは野球の練習以上に辛いものでした。気持ちのうえで逃げ場がないということは、体力よりも精神的な休息がないことを意味し、その日々が強い精神力を培うことにつながっていたように思います。

辛いことと言えば、本校ならではの行事「修養」も忘れがたいものです。修養は坐禅によって精神を統一し、自己をみつめ養うもの。静まり返った道場での長時間に及ぶ坐禅――これは練習とはまた異なる苦しさがありました。私の三年間の高校生活の中で、正直に申し上げてこの修養が、私の中では野球の練習以上に苦しく耐え難いものでした。

藤嶺ＯＢであれば周知のことですが、修養では般若心経を唱えます。入学当初はまったく唱えることができなかった般若心経も、三年もの間、日々唱えていると体に染み付き、卒業する時点で完璧に暗唱できるまでになっていました。日々の積み重ねというものは恐ろしいものです。とはいえ当時の私は「般若心経を覚えてなんの役に立つのか」「なんで修養をしなきゃいけないんだ」という思いのほうが強く、私にとって修養は、なんら特別な意味を持つものではありませんでした。

二度目の甲子園を狙っていた最後の夏も終わり、高校卒業を迎えました。私の中ではプロの世界に行きたいという思いがありましたが、思っただけで入れるようなそんな甘い世界ではありません。とはいえ他にやりたいことがあるわけでもなく、また当時は今ほど大学進学が当たり前という風潮でもありませんでしたので、野球が続けられる環境としてお誘いのあった三菱重工横浜に進むことにしました。

三菱重工横浜の練習は、もちろん高校に比べるとその内容は格段にきついものでしたが、なんとかそれにも耐えぬくことができました。そこには、高校時代の長時間練習で培われた我慢強さ、藤嶺でこれだけ練習したのだからやれないことはないという自信、さらに修養で培われた忍耐力があったからこそだと思います。藤嶺での練習において、私は練習は自分を裏切らない、やった分だけ自分に返ってくることを学びました。少しでも不安要素を残したまま試合に臨んでも、やはりいい結果はでません。最初はそうしたことがわからず、何度も何度も失敗しました。こうした経験の繰り返しから、練習に人一倍励み、不安要素をすべて潰す。そうすると、これだけやったのだから大丈夫という強い思い、強い自信を持ってマウンドに上がることができ、結果も出るようになったのです。気持ちで負けていては試合に負ける。自信をつけるために練習はあるのです。

プロの世界へ

一九九三年、念願のプロ野球から声がかかり、西武ライオンズから一位指名を受けて入団しました。最初は中継ぎや抑えが主でしたが、次第に先発を任されるようになりました。どの場面で投げたとしても、やはり投げるからには勝ちたいものです。けれどもその気持ちが強すぎては気持ちばかりが空回りしてうまくいきません。野球は技術のスポーツである一方、メンタルも大きく影響するものなのです。そこで私は藤嶺の頃からの習慣でもあった、ゲーム前に般若心経を唱えることを欠かさず行い、マウンドに上がる前の自分自身の気持ちを落ち着かせていました。これは思いのほか効果があり、藤嶺での修養が無駄ではなかったと実感したものです。般若心経を唱えるほかに、写経をしたり、試合前には必ず寺社に参拝に行ったりもしました。意外かもしれませんが、私はとても信心深いのです。西武所沢球場の近くには狭山不動尊があり、西武ライオンズが毎年優勝祈願に訪れる寺としても有名です。私はホームで試合がある時は、試合前に必ず足を運ぶようにしていました。「神頼みの前に練習！」との声が聞こえてきそうですが、私は常日頃から神に祈るという気持ちを持つことは大切で、自分の気持ちを落ち着かせるために祈るという行為は非常に大きな役割をしていると思います。

プロ野球には十四年間在籍しました。記憶に残る試合は？　と聞かれると、真っ先に思い浮かべるのが、一九九八年十月二日、日本ハムとのダブルヘッダー第二戦です。この年のライオンズは連覇をかけたシーズンでしたが、開幕当初から低迷し、日本ハムの独走状態が続いていました。七月のオールスターゲーム後は首位日本ハムとの差がなんと一〇ゲームも開いていました。このような状況でしたが終盤に日本ハムが失速。これを機にライオンズが巻き返しにかかり、シーズン最終で優勝争いへと突入したのです。日本ハムとのダブルヘッダーで、私は第二試合での登板を告げられていました。この時点ですでに日本ハムにはマジックが点灯しており、ここで負ければ万事休す。逆にこの二試合に連勝すれば逆転できるという大事な試合であったわけです。私はナイターの登板でしたが、緊張で前の晩は寝ようにも目が覚めてほとんど寝られず、そのままマウンドに立ちました。チームとしては前の試合（第一試合）に勝利していたので、ここで勝てばほぼ優勝は間違いないという試合で、本当に負けられない試合を迎えました。先発ピッチャーとして相当気合も入っていましたが、いつもどおり般若心経で心を落ち着かせ、大舞台でも気持ちが空回りすることなくしっかりと抑えきり、ここで一気にマジックを四つ減らすことができました。すでにプロ生活も四～五年目を迎え、それなりに自信もありましたが、この究極のプレッシャーの中で投げ勝てたというのは、何物にも代えがたい、非常に大きな自信になったことは間違いありません。「経験に勝るものなし」という言葉を耳にしたことがあるかもしれません。この時の私の経験はまさにこの言葉どおりのものでした。どんな状況にあっても逃げることなく経験することで、結果的に自分の糧になるのだと教えられ、私の中でのひとつの指針となった試合でもありました。

けがを乗り越え見えたもの

プロ野球に華やかなイメージを持っている方も多いと思いますが、必死で勝ちにいかなければ生き残れないシビアな世界です。私は中継ぎから先発に転向して二桁勝利を挙げるなど順調に歩んでいましたが、やはり三十歳くらいから肩の故障に悩まされるようになりました。投げられない時期が一年半くらい続きました。電気治療、はり治療と効果を期待してさまざまな治療をしましたし、患部の回復に向けてリハビリにも取り組みました。このリハビリにおいても、藤嶺を思い起こすことがありました。チューブを使ったリハビリでは、チューブを引っ張ったり戻したりを繰り返すという非常に単調かつ地味な運動の連続です。この運動を一年半続けるには相当な忍耐力を必要とします。毎日毎日繰り返しても、目に見えて実感できるような結果を得ることはほぼありませんから、「もう治らないかもしれない」といった不安との戦いの日々でもありました。この時期は今思い返してみても精神的に非常につらかったです。人は苦しい時、辛い時には、何か心の支えになるものを欲するもの。私は勝ちたい時はもちろんでしたが、このけがで苦しんでいる時も心の支えとしてやはり祈りを求めました。「治って欲しい」この神頼みともいえる思いを、般若心経とともに唱えながら心を落ち着かせ、毎日毎日繰り返してリハビリに励みました。一年半後、先発から中継ぎへの転向もあり、一時は結果を残すことができたのですが、やはりけがをする前の状態には戻らず、二〇〇七年に戦力外を通告されました。やはり悔しかったです。気持ちとしてはまだまだできるという思いでしたが、自分の中では体力の限界も感じてもいました。もしこの状態で他球団へ行ったとしても、おそらく一年はもたないだろうということも私自身よくわかっていました。もともと私は逆指名で西武に入団しています。それだけに西武一筋で終わりたいという思いも強くあり、他でチャレンジするよりも、西武から提示されたコーチのポジションで若手の育成にかかわってみようと引退を決意。引退後は西武での二軍投手コーチをお引き受けし、その後は一軍投手コーチも経験しました。

　投手コーチを足掛け六年務めましたが、自分の経験をもとに指導することに限界を感じることが増え、指導者としてもっと勉強しなければいけないのではないか、そんな思いが強くなり、二〇一三年にライオンズに退団を申し出ました。その後はさまざまなセミナーに参加したり、大学の先生に話を聞きに行ったりすることで、自分の指導者としての引き出しを増やすことに専念しました。その一方で、藤嶺のために何かをしたい、野球の基礎を教えてくれた母校に何か恩返しがしたいという気持ちが私の根底にはずっとありました。西武を退団して引き出しも増えてきたこともあり、それらを試すという訳ではありませんが、自分にネームバリューがある間で、ぜひ母校野球部の非常勤コーチをさせていただけないかと、私から校長先生に申し出ました。奇しくも創立百周年を迎えた二〇一五年のことでした。野球解説者としてラジオ等に出るかたわら、週一回、非常勤コーチとしてグラウンドに立ちました。投手への技術的な指導、例えば変化球の握り方やピッチャーの心構えといった基本的な事柄はもちろん、退団後に増やした引き出しから、けがをしないトレーニング方法など野球全般にわたって約一年間指導しました。実際に私が指導を始めてから部員数も増え、素質のあるよいピッチャーが育ってきたように思います。野球部の環境は私が生徒であった頃に比べると、人工芝のグラウンドになり格段に環境は整っています。あとはいかに選手の力を伸ばしていくかにかかっていると言えるでしょう。私は二〇一九年のシーズンから東北楽天ゴールデンイーグルスの二軍投手コーチに招聘され、残念ながら母校の練習を見る機会はなくなりました。短い時間でしたが野球部が強くなり、将来の選手を育てるための種は蒔いたつもりです。将来、自分のいるチームに藤嶺野球部出身の選手が入ってくる日が今から待ち遠しくてなりません。

思い返すと藤嶺での非常勤コーチは少し野球の実戦から離れていたこともあり、とても新鮮な気持ちで接することができました。しかも生徒はとても素直で真面目です。そこが長所でもあるわけですが、それだけでは伸びません。もう一段ステップアップするには、野球の世界に関わらず、自分の意見を持ち発信することが大変重要だと感じます。私がプロにいた頃、よく外国人選手がミーティングで、「なぜ若い選手は発言しないんだ。アメリカは違うぞ」と言っていました。例えばミーティングで先輩や先生に発言するのは非常に勇気のいることだと思いますが、自分で考え、それを言葉にして発信することはどの分野においても必要不可欠です。後輩のみんなにはぜひ、そのことを覚えておいて欲しいと思います。

この年齢になってもまだ好きな野球に関わらせていただけるというのは、本当に嬉しいことですし、感謝の気持ちでいっぱいです。今は楽天のコーチを務めていますが、いつの日かこれまでに蓄積した野球の知識を還元するという意味で、監督を務める機会があればと願っています。あれだけの才能が集ったプロチームを監督として動かしてみたいですし、プロに限らず高校野球の監督にも魅力を感じます。二〇一八年の全国高等学校野球選手権記念大会は記念の第百回大会で、神奈川県は南北に分かれ代表が二校となりました。藤嶺にもチャンスがあるとおおいに期待していましたが、惜しくも準々決勝で敗れてしまいました。コーチとして接してきた生徒達の活躍する姿を見ながら、私がもし今ここで藤嶺の監督であれば、どのように采配したかと思わずにはいられませんでした。

日々の努力も大切ですが、目標を掲げ、なりたい自分をイメージして願うことも大切です。ぜひチャンスがあればトップマネージメントの監督として、自分の野球観を出していくことができればと願い、今年も野球シーズンを迎えます。

石井　貴（いしい・たかし）

藤嶺学園藤沢高等学校から三菱重工横浜を経て、一九九三年ドラフト一位で西武ライオンズに入団。二〇〇七年現役引退後、埼玉西武ライオンズの二軍投手コーチに就任。一三年退団。一五年より母校・藤嶺学園藤沢中学校・高等学校において高校野球部の非常勤コーチとして指導を行う。一八年より四国アイランドリーグｐｌｕｓ・徳島インディゴソックスの監督。一九年より東北楽天イーグルスでコーチを務める。

藤嶺の修養と落語家の修業

落語家　立川らく次
（四十七期　平成六年度卒）

十代で落語が好きになりました。一番のきっかけは、父親が立川談志師匠と一緒に写真を撮ってもらってきた事です。談志師匠を知ったのはそれが最初で、どんな人だろうと興味がわきました。ちょうどその頃、談志師匠がメインの「落語のピン」という深夜番組が始まりました。落語会を収録してそれを放送する番組なのですが、談志師匠はカメラ目線でテレビを見ている視聴者に話しかける、問いかける、という事を意識して落語をやってらして、それがとても斬新でした。

この番組をビデオに録画して、さらにカセットテープに録音して、自分の部屋で聞いていました。

　僕が通っていた当時の藤嶺藤沢は体育会系です。運動が苦手な美術部員だった僕にとって、談志師匠の発する言葉の力はとても魅力的でした。

　美術の教員免許をとることと、落語研究会に入ることを目的に大学に進みました。藤嶺で教育実習をさせてもらっていた時、自分の気持ちは落語家に傾いていました。学校の先生になったら落語家にはなれません。あと普通に就職したら忙しくなって、行きたい落語会に行けなくなってしまう、という変な考えもありました。

落語家になりたい

　落語家になるには真打の落語家さんに入門を許されないとなれません。志らくに入門したのは、圧倒的に面白かったからです。

落語はご年配の方が楽しむもので若者が聴いても面白くない、という一般的なイメージを払拭させるべく闘っている姿がとてもかっこよかった。

「どうして志らく師匠に入門したのか」と何度も聞かれますが「好きだから」と答えています。

当時はインターネットも身近なものでありませんし、師匠も今のようにテレビに出ていません。知り得る情報は生の舞台、芸のみ。人柄までは分かりません。ただこの人の元で落語家になりたいという思いだけ。

立川志らくの落語は、古典落語にオリジナルのギャグを入れ、より面白く、より現代的に、というスタイル。これが若者に人気がありました。ところが入門を許され、いざ落語の稽古となると、舞台で見せる志らく流のアレンジは取っ払って、スタンダードの古典落語。つまり基礎をきちんと習得しろという事です。ピアノでバイエルを弾けない人が、急にショパンの難しい曲を弾けるわけがない。ピカソだって若い頃はきちんとデッサンの勉強をしていた。俺が教えた通りに覚えなさい、と。芸は模倣から、という事ですね。あと面白いなと思ったのは個性を出そうとするな、という教え。個性というものは抑えれば抑えるほど出てくるものだ、と。

師匠は、基礎はきっちり教えてくれますが、オリジナリティというものはセンスだから、その部分は自分で磨いてくださいというスタンスです。師匠の家の掃除をする事も落語家の修行のひとつですが、それよりも映画や芝居を見て感性を養いなさい、という考えですから、僕は師匠に厳しく縛られた修行をしていません。

とはいえ、落語界は封建社会です。前座、二つ目、真打と身分制度が存在します。前座は人権が認められていないと冗談のように言われますが、実際のところ本当にそんな感じです。パワハラという言葉は落語界に存在しません。そもそも落語家になりたければ、真打の落語家に入門しないと落語家にはなれません。つまり落語家になりたい者にとって師匠は必要な存在ですが、師匠にとっては弟子は必要ないのです。極論ですが。ですから、師匠にとって都合の良い弟子になる事が求められます。僕は入門をお願いした時に師匠に言われました。「俺を不快にさせないでくれ」と。邪魔をしないでくれという事ですね。もっと言うと師匠を快適にする事が求められました。

「好きで俺のところに来たんだろ、好きな人を不快にさせるやつが、お客さんを快適にさせられるわけがない」と言ったことがあります。実はこれ談志師匠の言葉です。師匠（志らく）は師匠（談志）に言われた事をそのまま僕に伝えてくれたのです。

師匠は普段無口で、ほとんど怒らない。怒鳴られた事はありません。実はこれ怒られた方が楽なんです。怒ってくれれば正解が分かるんですから。怒られない方が怖い。師匠が今、何を求めているのか、何にイラついているのか、何をすれば喜んでくれるのか。察する力、程の良い距離感、気働き。落語家の修行の第一歩です。

ここにスッと入っていけたのは、藤嶺藤沢で培われたもののおかげだと思っています。今思うと藤嶺には空気がピリッとするような厳しい先生、怖い先生がたくさんおりました。

そう「修養」は印象的ですね。クラスメイトが修養中、歯を見せたことがありました。老師は彼があくびでもしたと思ったんでしょう、鬼のような声が響きました。場がビシーッと締まったところ、彼が立ち上がって「申し訳ありません！　くしゃみを我慢しました！」と謝りました。そうしたらあの老師が一瞬たじろいで「うむ、偉い」と言ったんです。その絶妙な間と口調にみんなが一斉に吹き出しそうになった事がありました。怖い先生に立ち向かったらどういう反応が返ってくるのか、どう返答すれば大人は喜ぶのか――修養のような研ぎ澄まされた空間だからこそ分かるものがあります。人間、緊張感のある空間にいると色々な力が備わってくるんでしょうね。当時の先生方はおっかなさの中にどこか面白みがあって、それが藤嶺らしさだと思っています。

色鮮やかに落語を伝えたい

僕は今年（令和二年）、落語家として二十年目を迎えます。思い出深いのはニューヨークで英語で落語をやった事。僕は英語が喋れませんし、お客さんはみんな落語は初めてというニューヨーカー。かなり無謀な仕事です。たどたどしい発音ながらも一生懸命頑張りました。話を一生懸命伝えようとすると、ちゃんと受け止めてくれる。笑って欲しいところで笑いがおきる。言葉が通じない土地で、一番大事な事に気付かされました。

それから、真打昇進を決めた高座も忘

れられません。

　真打昇進トライアルと題した五ヶ月連続の落語会の最終回、僕と同期の立川志らべ、二人一緒に真打昇進の内定を師匠に頂きました。

　ところが、師匠は「このままふたりとも一緒に真打になっても面白くない。どっちが先に真打になるか決めよう」と言いだしました。誰もやっていない事をする、これが立川志らくの発想。落語家にとって真打になる順番はとてもデリケートな問題だからこそ面白いイベントになるだろうと。師匠と相談しながら、お客様の投票で得票が多かった方が先に真打に昇進するという落語会を行う事になりました。演じるネタは師匠が創った名作映画を落語化した「シネマ落語」。僕が『タクシードライバー』、志らべが『E．T．』。

　しかしこれ、いわば選挙ですから、自分のお客さんをたくさん集めた方が勝つんです。志らべは地元の観光大使も務めるほど地盤がしっかりしている。一方こちらは親戚もそう多くない。明確にチケットを売る枚数が志らべの方が多い。このまま

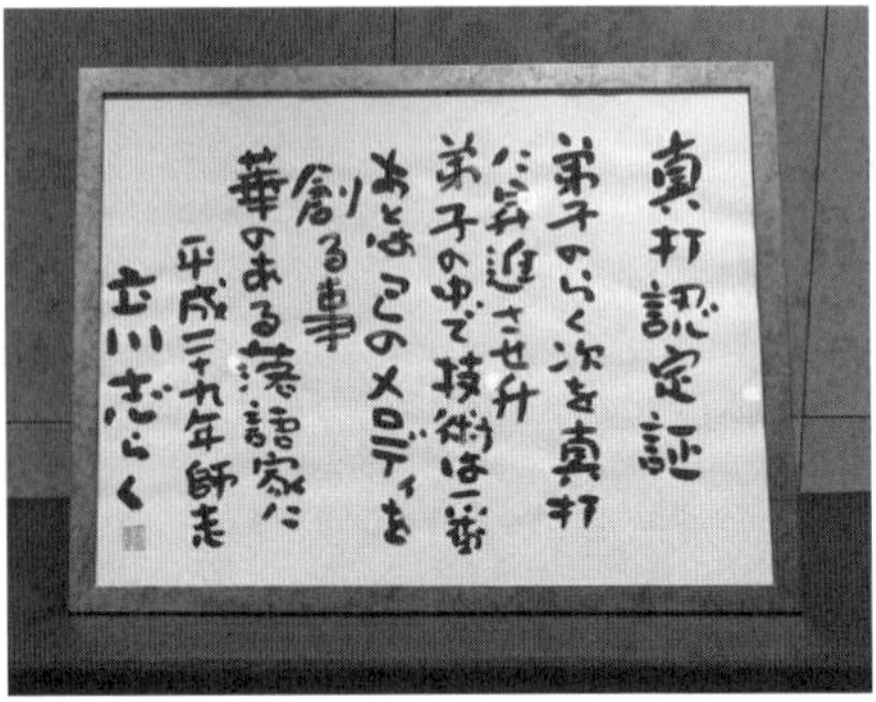

では負けると思った時、普段からお世話になっている元国会議員の野末陳平先生に「選挙は絶対に勝たないとダメなんだ」と言われました。参院議員を四期二十四年つとめられた野末先生の一言は重い。どうすればお客様が僕に票を入れてくれるか考えた末の結論は、勝機は落語をやる順番にあると。後に上がった方が有利。そして彼よりも圧倒的な技術を見せようと。もっと言うと師匠に「俺より上手い」と言わせようと。順番は当日、お客様の前でジャンケンで決めました。不利な状況でしたが、いわゆる浮動票を獲得して勝つ事が出来たのは、この明確なプランがあったからだと思っています。有利な後攻を選択する為に、ジャンケンで何を出すかまで考えたんですから。

ただ落語をやるのではなく、自分の落語をより良く見せる為の演出というものを考えるきっかけになりました。それから、この日の会場や楽屋に漂ったヒリヒリした緊張感は得難いものでした。

師匠に憧れて師匠みたいになりたいと思って入門したものの、そうはなれないと諦めてしまうのが普通です。志らくの凄さは、憧れの人のようになれないと思わない事。常に立川談志を追いかけている。入門してある程度経つと弟子でいる事にも慣れるし、そこそこ経験があるから、なんとなく仕事も出来る。けれども大ブレイクする事はない。二十年もやっていて今さら恥ずかしいのですが、改めて入門したばかりの時のように全力で師匠を吸収していこうと思っています。二十年前とは違って、知らない人がいないくらい師匠は有名な存在になっているのですから。幸いな事に、師匠は僕を落語が上手な弟子と思ってくれているようです。ならばこの濃度をさらに上げていく事が、進むべき道でしょう。

もっと自分が頭に描いた絵の完成度を上げて、それを色鮮やかに立体的にお客さんに伝えられるようにしたい。落語の中で御隠居さんと熊さんが喋っている。セリフが無いから気がつかないけど、御隠居さんと熊さんの向こう側には御隠居さんの奥さんがいるんですよ。その奥さんの表情まで、想像させる事が出来たらより味わいが増すんじゃないかと思っています。

在学中の後輩の皆さんには、藤嶺藤沢での日々がのちのち話のネタになるといいなぁと思います。今ちょっと辛いと思っている事も、時間が経って視点が変わると面白いエピソードになるものです。それが得られる学校だし、与えてくれる先生がいると思います。

卒業して二十年以上経つのに、当時の先生方が目立つ存在ではなかった僕の事や、その時のクラスの事を覚えていて下さっているという事には驚きましたね。普通は忘れてますよ。ああ見えて藤嶺藤沢の先生方には、生徒愛があるんですねぇ。

あと老師が現役バリバリという事に激しく驚きました。

立川らく次（たてかわ・らくじ）

一九七六年、神奈川県横浜市出身。一九九九年、玉川大学文学部芸術学科卒。二〇〇〇年三月、立川志らくに入門。二〇〇七年四月、立川談志による二つ目昇進試験に合格、同年七月、二つ目昇進。二〇一五年八月より、志らく一門ならではの真打ち昇進トライアルを経て、二〇一六年十二月一日、真打昇進。特技は似顔絵、イラスト。『小説新潮』『Ｗｅｂ現代』『ｃｏｍｉｃ乱』『週刊モーニング』『南日本新聞』『キネマ旬報』などでイラストレーターとしても活動。趣味は宝塚歌劇鑑賞。二〇一六年九月よりＴＯＫＹＯ ＭＸで放送中の『宝塚カフェブレイク』にて、宝塚の公演、ゲストのタカラジェンヌの魅力を伝えるナレーションを担当。主催する『宝塚を語る落語会ヅカメンズ!!』は落語家の視点で宝塚の魅力を語りながら、宝塚ファンに落語を紹介し、毎回完売の人気興行となっている。

「何をすべきか」という視点から考える

NPO法人アクセプト・インターナショナル代表理事　永井陽右
（六十二期　平成二十一年度卒）

一番困っている人に目を向ける

学生時代は本当にちゃらんぽらんしていて、勉強は全然していませんでした。高校時代には英語が七点なんてこともありましたが、小学校・中学校・高校とずっとバスケットボールを続けていて、バスケットボールだけは頑張っていました。

高校二年の時、バスケットボール部の夏休みは二日間しかないのですが、その二日間のうちの最初の日に家でずっとパソコンをいじっていました。すると、今も鮮明に覚えていますが、「ツバルが沈む」というＹａｈｏｏ！のトピックスに目がとまったのです。ツバルという単語を知らなければ、沈むということもよくわからないけれど、クリックしてみると、どうやらツバルという国が沈むという話で、なんとかしなきゃと思ったわけです。というのも、マンガやカードゲームが好きだった私は、「国が沈む」といわれると、マンガの一コマのように本当にバキバキバキッと国自体が一気に沈んで、その国の人がみんな死んでしまうという場面を大真面目に想像したのです。実際はじわじわと海面が上がってみんな避難していくわけですが、当時の私はツバルの人が全員死ぬ、これはどうにもならんぞ、なんとかしなきゃという考えに至りました。ツバルへの行き方やツアーなどを調べましたが、お金はないし、部活も休めない。「今は行けないなぁ」とひとまず自身を納得させました。ですが、このことを機になんとなく自分以外のことを考えるようになりました。

実は小・中学生時代、私は荒れていて、いじめに加担していました。ツバルの一件以後、いじめに加担したという自分の過去や、やってしまったことを、高校二年の時にものすごく反省し始めました。夏休みが明けた二年の秋・冬、高校三年の春は、いじめていた子の家に行って謝るぞ、でも謝れないぞ、と地元をぐるぐる回って帰ってくるということを何回かしたことがありました。しかし結局インターホンさえ押せず、謝れませんでした。以来「これからはいじめられている人を見つけた時に、絶対に自分は加担しない」、かつ「どうにかそれを助ける人間になる」と意識が変わり始めました。

加えて、世界史の授業で聞いたルワンダ大虐殺の話にも影響を受けました。ルワンダ大虐殺は一九九四年に起こっているのですが、私はなぜか大虐殺が「今」起こっていると考えたわけです。であれば「一番いじめられている人」とは「大虐殺に遭っている人」なのではないかと。

それまでは大学に行く理由もよくわからなかったのですが、虐殺を止めるために大学に行こうと高校三年の夏に決意し、勉強を始めました。ただそれまで全然勉強をしておらず、何も積み上げがなかったので、結局浪人しました。浪人中は「虐殺を止める」という思いだけがエネルギー源でした。成績がガーンと伸びていって、一浪の末、二〇一一年に早稲田大学に入学しました。

入学してすぐにルワンダに行きました。しかし行ってみると、虐殺はその十八年前に終わっていますし、ルワンダはむちゃくちゃ平和で……。私の発想は「ルワンダは全然いじめられていない」「いじめの罪滅ぼしをするならば、一番いじめられているところを助けるんだ」となりました。

いざ、ソマリアへ

少し調べてみると、当時ソマリアは大飢饉で、同時に世界で一番危険な場所と言われていました。国連を含め全世界がソマリアは比類なき人類の悲劇だと認め、気がついているけれど、地球で一番危険な場所なので今は何もできません、十年待ちましょうというスタンスでいることが、私には一切納得できませんでした。人の命に関わる問題において、危険だから見て見ぬふりをしますというのは一番やってはいけないだろうと思ったのです。ニーズがあって、そのニーズに対して誰もできないのであれば、その誰かに自分がなるという思いで、ソマリアにこだわりました。

まずは日本のＮＰＯ（非営利団体）や国際連合（国連）などに連絡して「私はソマリアをどうにかしたいです」と訴えました。すると「無理、無理、絶対に行くなよ」という回答。この分野で有名な方がいて、その方に話を聞くと「ソマリアのような深刻な地域に携わるには語学と知識と経験が必要です。語学は英語と現地語がペラペラ。最低でも修士レベルの知識を持ち、そうした途上国での十年間の経験がないとダメです」と言われました。私はその時「何を言っているのだろう」と率直に思いました。それで「じゃあ私はその十年間、何もせずにソマリアをボーっと見ているだけしかできないのですか」と返しました。そもそもその方はソマリアに携わるために必要な知識と経験を持っているわけです。「どうしてあなたはしないんですか」「大人の方ができないというのであれば、ならば私たちがやりましょう」という思いが発端となって、大学一年の九月二十六日に「日本ソマリア青年機構」

を早稲田大学の仲間を集めて発足させました。

まずはソマリアへのビザの取得です。いろいろと進めていくなかで、アフリカ連合（アフリカの国家統合体）のオフィサーの方と面会でき、「私はソマリアをどうにかしたいんです」と伝えたところ、「では連れて行ってやろう」となり、取得することができました。活動を始めたばかりの大学一、二年の当初はもちろん英語は喋れず、勉強もしたことがないし、何をやっていいのかわからない。誰もできないなら私たちがやると豪語したものの、ソマリアの紛争孤児をあしなが育英会と協力して日本に連れてくることや、日本で中古のスポーツ用品を集めてソマリアに送ることくらいしかできず、価値はもちろんゼロではないですが、やっていることは非常に低レベルなものでした。かつ、いじめられている人を助けているかというとそうではないわけですから、自分が一番忸怩《じくじ》たる思いでした。

自分たちに何ができるのか、何をすべきなのかということを現場で考えていくなかで、ひとつ切り口になったのが「現地の治安」でした。現場で何が問題になるかというと、それはやはり治安の悪さです。なぜ治安が悪いのかと聞いていくと、ギャングたちの存在にたどりつくわけです。違法性の高いことをギャングが行っていて、治安が悪くなるのです。

ギャングたちはテロ組織とビジネス関係にあって、銃・小火器の移動や密輸などいろいろなことを行っています。また、人をテロ組織に入れると紹介料として謝礼がもらえるので、いい感じの若者を見つけて一ヶ月ぐらいおごったり、ワイワイ楽しんだりした後、「じゃあちょっとソマリアで戦うか」とソマリアへの人の送り出しも行っています。

だから当初は「違法性の高いギャング問題は私たちにはできない」「それは大人がやるべきで学生だからこそできることではない」と考えていました。しかし二年目の中頃、冷静にギャングたちの話を聞き、整理していると、当時私は十九、二十歳でしたが、ソマリア人ギャングたちも十九、二十歳という同じ年だということを知ったのです。「同い年だからこそ、僕たちにもできることがあるんじゃないか」

となりました。また私たちにとってのプラスの状況要素として、政府や警察、国連機関がギャングにアプローチできないという実情がありました。警察はギャングと実際の紛争当事者同士、国連はギャングという対象者にアプローチできない。したがってギャングはとても問題になっているけれど、アクセスできなければ、アプローチも適切にできていないという状況だったのです。

そんななかで私たちはギャングたちの溜まり場に行って、ああだこうだと話をしました。ギャングも私たちも同い年。「一緒に考えようよ」「どういうやり方がいいんだろう」というスタンスで、二〇一三年頃からソマリア人ギャングたちの受け入れと更生、そして社会復帰を促すプロジェクトを始めました。ギャングの「脱過激化」は今に続く私たちの事業の根幹ですが、国連からも大変評価され、初の著書『僕らはソマリアギャングと夢を語る』として刊行もされました。

これまでに一八〇名ほどのギャングを受け入れました。亡くなった者が一名、さらに過激化した者が一名いましたが、おおむねよい成果をあげています。そのため私も徐々にしっかり専門性をつけなくてはと思うようになり、ロンドン大学の修士課程に行きました。その前後でいろいろな研修を受け、ギャングの脱過激化に関わりながら、二〇一六年にテロ組織へのアプローチを現地政府や国連等と協力して始めました。

負のサイクルを断ち切るために

世界では今も多くの紛争が起こっており、紛争の四四%にテロ組織と呼ばれる組織が関与しています。テロ組織が関わっている紛争は一般的な紛争よりもその解決が難しいといわれています。紛争解決は和平合意の締結によって行われることが一般的ですが、テロ組織と呼ばれる集団の論理は「やられたらやりかえす」。よって、どれだけ自分たちが劣勢になったとしても、死んでいった仲間のために「オレが爆破する」という精神で、紛争解決のための対話ができないのです。例えば、イスラム国と呼ばれる組織が、シリア、イラクを拠点にいましたが、そのテロ対策の難しさは対話ができないことにありました。和平合意をしたくても話にならないため、そのプロセスすら組めない。紛争の終結方法を見出せないのです。そこで私たちは、いかにしてテロ組織のメンバーたちの自発的な降参、投降を引き出すかということこそがカギだと考えました。

具体的にいうとまさに投降兵のリハビリテーションです。「降参するならば絶対に殺しはしません。国際法に則って投降兵のみなさんをカバーします。だからどうか降参してください」と投降を引き出します。アプローチはギャングの脱過激化と全く同じで、投降兵を対組織としてではなく、対個人として受け入れます。同世代が多いので「オレたちで世界を変えていこうよ」「世界の変え方としてテロリズムは微妙なんじゃ

ない？」「だったらどういうやり方がいいんだろう」ということを主体的に伝えていきます。

そのうえで最も重要なのが投降兵や捕まったテロリストの方々を「再過激化」させないことです。投降兵や捕まったテロリストの方々が社会復帰して、社会に融和していくのは大変なことです。社会にうまく融和できず、社会復帰できなければ、彼らはテロ組織に戻るしかなく、そうするとテロや紛争が終わることはありません。どうにか投降兵の方々に社会復帰してもらい、テロと紛争のサイクルを切り崩すのです。倫理的に難しい、前例がないなどの声は聞こえてきますが、社会復帰を継続させなければ負のサイクルを切り崩すことはできないのです。「オレたちが社会を変えていく」と共に前向きに社会に帰っていくことを投降兵の方々に促しています。

投降兵のリハビリテーションを始めた直後の二〇一七年四月、組織名を「日本ソマリア青年機構」から「アクセプト・インターナショナル」に変更しました。ソマリアに限らず、テロや紛争に対して有効とされるアプローチを、排除ではなく、人

権的に「受け入れる（ACCEPT）」形で打っていく日本初の団体にしようとの思いからでした。
仕事をするうえで非常に重要なのは、いかに相手の懐に入って、共通基盤を見出すかということです。例えばインドネシアにはテロリスト専門の刑務所があり、私たちは出所した方々の受け入れもしています。インドネシアは成人の喫煙率が世界一。彼らの吸う息も吐く息もすべてタバコといった感じです。彼らにはタバコを吸いながら「だべる」文化があるので、そこにいかに入るか。そうなると「よーしきた！」と、私も、率先してタバコを吸うわけです。先日インドネシアに行った際も毎晩三、四時間、何を言っているかわからないけれど、ずっとタバコ

を吸いながら彼らの「だべり」に加わっていました。

懐に入って、共通基盤をつくるためには、現地の食べ物を食べ、現地の言葉を使うことも大切です。私はすごくよく食べるので、対象者を前に限界を超えるまで食べます。それはもう意図的です。そうすると「ヨウスケがこんなに食ってるぞ、もう四杯目だ」という感じで相手が親近感を覚えてくれ、懐に入りやすくなります。言葉は主に英語で話すわけですが、肝心なところでは現地語を使います。ソマリア語の重要フレーズやスピーチ、インドネシアで使われるジャワ語での五分程度のスピーチは常に頭に入っています。そういうことをする外国人があまりいないので、相手のウェルカム感が変わります。ソマリアでは「日本人がソマリア語を喋ってるぞ。動画だ、動画だ！」ととても喜んでくれます。

ただ私は英語も含め、言語はツールに過ぎないと思っています。現在の教育にはグローバル化のためにとにかく英語を話さなければならないという風潮があるように見受けられますが、基本的に私は英語が大嫌いです。第二次世界大戦の勝利国と

いうことだけで、たかだかイギリスとアメリカの母語をなぜ必死に勉強しなければならないんだ、とどうもしっくりきません。しかし私の場合、テロと紛争を解決するためのコミュニケーションツールとして英語を使わざるを得ない。また現地語を話すことで、テロや紛争地で相手の懐にすっと入りこむこともできる。つまり「なぜそのツールを必要とするのか」ということの先にある「テーマ」や「使命」、私の場合はテロと紛争を解決するということですが、そういった「テーマ」や「使命」を持つことこそが大切だと思うのです。

私たちアクセプト・インターナショナルの「使命」は、テロリストやギャングなどの紛争当事者の脱過激化と社会復帰のモデルをしっかり組んで、紛争地や紛争当事者を支えていくとともに、現在ソマリア、ケニア、インドネシアの三ヶ国で行っている活動をもっと広げ、全世界に還元していくことだと考えています。加えて、私たちの強みは結局、対象者と同世代であるということ。三十年後には私は同世代として対象者には関われないという観点から、ノウハウを次世代へ継承することも意識しています。

本来はテロや紛争なんてあまり好きではありません。海外も得意ではないので、よくわからないところへ行くと熱を出したりもします。それでも「やらなければ」という強い思いを持って仕事をしています。YouTubeの時代において「好きなことで生きていく」なんて標語がありますが、全人類が好きなことをしていたら世界は崩壊してしまいます。だからこそ公共的な視座を持って、「私は何をすべきだろう」と考える人が増えないと、世界はよくならないと思うのです。

藤嶺の中学・高校生には「何ができるか」「何が好きか」だけではなく、ぜひ

「何をすべきか」という視点から物事を考えてほしいです。公共的な視座を持って「何をすべきか」というテーマや使命を見つけることができれば、「できること」は必然的に増えていきます。高校二年の私がそうだったように、物事の捉え方やきっかけ次第で生き方は大きく変わります。どんな人にも無限の可能性があるのです。

永井陽右（ながい・ようすけ）
一九九一年、神奈川県生まれ。NPO法人アクセプト・インターナショナル代表理事。国連人間居住計画CVE（暴力的過激主義対策）メンター。早稲田大学教育学部複合文化学科卒業、London School of Economics and Political Science紛争研究修士課程修了。ソマリア、ケニア、インドネシアなどにて、ギャングやテロリストの脱過激化と社会復帰を軸にテロと紛争の解決に向けて活動中。著書に『僕らはソマリアギャングと夢を語る：「テロリストではない未来」をつくる挑戦』（英治出版）『ぼくは13歳、任務は自爆テロ。：テロと戦争をなくすために必要なこと』（合同出版）など。

特別寄稿②

高校三年で文系から医学部へ進路を変更した堀江重郎氏は、現在、泌尿器科医として日本の泌尿器科医療をリードすると共に、アンチエイジングの研究者としても活躍中である。

十八歳からのアンチエイジング

順天堂大学大学院教授・医師　堀江重郎

皆さんはまさに人生の中で最もハツラツとした時期にいると思います。

皮膚もつやつやだし顔もテカテカに光っていると思います。こんな十八歳の時にアンチエイジングと聞いて、「俺達、私達には関係ないなあ」と違和感を持つ人も多いかもしれません。しかしこれから十年、二十年、三十年があっという間に来ます。どんな風に年をとるのかは、今の過し方の蓄積で変わるのです。二十年後、三十年後の同窓会で「あいつしばらく見ないうちに老けたなあ」と言われないためにも、ぜひ今こそしっかりとアンチエイジングの知識を学んでください。

加齢とは何か

アンチエイジングのエイジングとは、加齢という意味です。

まず加齢のからだに対する影響とは何か考えてみましょう。

私たち一人一人の生命は精子と卵子が受精してスタートします。このたった一個の細胞が何回も分裂をして今のあなたのからだになっているのです。一つ一つの細胞が毎日生きていくために必要なものには、ＤＮＡと酵素があります。ＤＮＡとは遺伝子ですね。

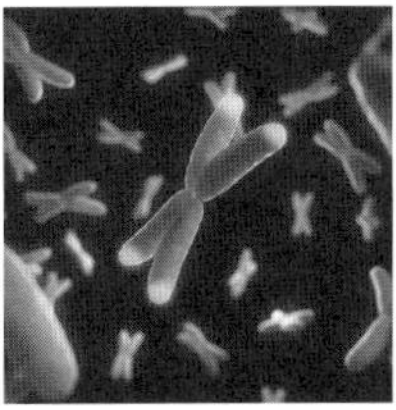
テロメア

遺伝子のはたらきは、アミノ酸がつながったタンパク質をつくることです。ＤＮＡは染色体という、たとえて言うと出雲大社のしめ縄のような構造の中に隠れていますが、タンパク質をつくる時にこの綱が緩んで、中身のＤＮＡが出てきて、外部からＤＮＡのスイッチが入ります。

髪の毛が生え変わったり、日焼けした皮膚がはがれて新しい皮膚ができることからわかるように、からだのほとんどの細胞は一定の期間で入れ替わっていきます。これは細胞が分裂していくことができるからですが、細胞が分裂する時にはDNAの端っこにあるテロメアと呼ばれる部分が分裂のたびに少しずつ減っていきます。なんだか消しゴムのようなこのテロメアが、ある一定の長さまで短くなってしまうと細胞はそれ以上分裂することができなくなってしまいます。これを細胞の老化と言います。テロメアの長さは生き物ごとに決まっていて、この長さが寿命を決めていると言われています。人間の場合はこの理論からはおおよそ百二十年生きることができるそうです。実際、世界の長寿記録は大体百二十歳です。

この老化した細胞は単に分裂ができないだけではなくて、他の細胞に悪影響を与えるような物質を放出します。炎症という言葉があります。細菌がのどに侵入してからだの白血球が戦っていると、のどが痛んだり熱が出てきます。こういう状態を炎症と言います。虫垂炎、胃炎とか聞いたことがありますよね。もっとも痛みがなく、熱がなくても、白血球が臓器に多く集まる状態を炎症と言います。老化した細胞は、この炎症を勝手に起こすような物質を出します。炎症が起こると、その臓器のはたらきが少しずつ悪くなっていきます。ですからテロメアが短くなって老化した細胞があると、周囲にも悪影響を与えて、結果的にからだも「老化」してしまうのです。エイジングとは、このように臓器の機能が今のあなたに比べて低下していくことですが、アンチエイジングの根本はテロメアの長さを減らさない、ということになります。

ではこのテロメアが減らないようにする方法はないのでしょうか？　実は少しずつテロメアを増やしていくような酵素があります。この酵素はテロメレースと呼ばれますが、元気にはつらつと生活をしていると、この酵素はよくはたらいてテロメアの減り方が少なくなり、一方ストレスがあったり心配事があると、酵素のはたらきは悪くなってしまうことがわかっています。ですから毎日の生活の中で気持ちが落ち着かなかったり辛い気持ちになったりすることが続くと、実は細胞のテロメアも減ってしまい、早く老化してしまうのです。例えばわれわれのからだを細菌やウイルスから守っている白血球のテロメアが短くなると、細胞が分裂しにくくなり、感染症の時の抵抗力が少なくなります。高齢者のかたが「風邪をこじらせたら肺炎になって大変なことになった」「病院の中で患者さん同士が感染してしまった」というのも、そもそも白血球のテロメアが短いので免疫力が弱っているからなのです。

またがん治療でも、この免疫力が重要な役割を果たします。

最近、心配事があると白血球のテロメアがどう変わるかについての研究が海外で発表されました。この研究は乳がんの患者さんを対象としています。「がん」と診断されると誰もが、自分の生命の危機ととらえて、不安な気持ちや悲しい気持ちになります。治療を受けることで、このような気持ちは少しずつ解消していきますが、治療の後でもまだ不安や辛い気持ちがある患者さんたちを、二つのグループに公平に分けて、片方のグループはみんなで集まって、気持ちを静めるような瞑想や、お互いが感じている気持ちを話し合って、自分の心の重荷を減らすような活動をしました。もう一つのグループは、ストレス解消法の授業を一回だけ受けてもらいました。それぞれのグループの患者さんの白血球のテロメアの長さを、活動前と活動を始めて三ヶ月後に測ってみると、みんなで集まって活動をしながら心の重荷を減らしたグループの人達は、テロメアの長さが変わりませんでしたが、ただストレス解消法の講義だけをたった一人で受けたグループの人達はなんとテロメアの長さが短くなってしまったのです。三十年前にも、がん患者さんがみんなで集まって自分の気持ちをグループで共有する活動を行うと、治療効果が高くなるという研究がありました。辛い気持ちをなるべく減らしていければ、がんのような重い病気にも効果があるのです。

ですからエイジングしない、すなわちアンチエイジングにまず大事なことは、「心配ごとをひとりでため込まない」ということなのです。

DNAのアンチエイジング

さて、DNAは染色体という太いねじった綱の中に普段は埋め込まれていて、タンパク質をつくる時にこの綱のねじれが緩んで中のDNAが見えるようになり、たんぱく質をつくるスイッチが入ります。この染色体が緩んでDNAが外から見える環境では、DNAは絶えず科学的な攻撃を外部から受けてしまいます。簡単な例では皮膚に強い紫外線や放射線が当たると、DNAは切れてしまい細胞は死んでしまいます。皆さんは毎日ご飯を食べますね。ご飯を食べるとエネルギーがつくられて、からだは温かくなります。

このエネルギーをつくるのは、細胞の中にあるミトコンドリアという細胞のいわば発電所みたいなところです。困ったことにミトコンドリアはエネルギーをつくるのと同時に、活性酸素をまき散らします。活性酸素は物質を錆びさせます。例えばりんごを切ると切り口が茶色になります。これはりんごの糖分を含む細胞が空気中の活性酸素により酸化することによって茶色になってしまいます。釘が錆びるのも一緒です。同じような反応がからだの中でも起きていて、活性酸素があると細胞のDNAをはじめ、すべての物質が酸化されてしまいます。酸化されたDNAは細胞が分裂をする時に正しくコピーをつくることができず、アミノ酸の配列を間違ったりすることが多くなります。間違えることによって遺伝子のはたらきが落ちてしまったり、あるいはその間違いがもとでがんのような異常な細胞をつくってしまうこともあります。DNAが酸化されることがエイジングであり、これを防ぐことがアンチエイジングなのです。

赤ちゃんはいい匂いがしますね。赤ちゃんはご飯を食べても、出てきた活性酸素を素早く変化させて無害なものに変えてしまいます。あなたのお父さんはかわいそうに加齢臭なんて呼ばれて独特な匂いがするかもしれません。この加齢臭は、お父さんのからだの中のあぶらが活性酸素によって酸化した匂いなのです。マヨネーズを少しお皿に出して数日放置すると、透明になるのですがすごく臭くなります。これが加齢臭の正体です。お父さんは赤ちゃんと比べて活性酸素が出る量が多いうえに、無害化する力が落ちているのです。

活性酸素によるＤＮＡの酸化を防ぐアンチエイジングには、どうしたらいいのでしょうか？　これまでわかっているのは、運動、そしてご飯を食べすぎず腹八分目にとめておく、あるいは一日三食でなく、食事を飛ばしてみるプチ断食が効果的と言われてます。十八歳の皆さんが食事を抜くということはあまりないと思いますが、少なくとも食べ過ぎるのではなく腹八分目にしておくことが、ＤＮＡを劣化させない大切な要素です。また運動については、筋トレのようなレジスタンス運動あるいはジョギングのような有酸素運動など何でもいいですが、定期的に運動する習慣があった方が、ＤＮＡは老けにくくなります。定期的に運動をしたり、食事の量を少し減らしておなかがすくと、サーチュインという酵素がはたらいて、緩んだ染色体の綱をもう一度きりっと締めなおし、ＤＮＡを隠して傷がつかないように守ってくれるのです。ただしあまりに強度が高い運動をし続けると、むしろ活性酸素が多く出て、DNAの酸化が進むことがあります。

活性酸素はご飯を食べ過ぎたりあるいは肥満、タバコそして高血圧や高血糖で増えていきますので、バカ食いをしたりタバコを吸うことによってあなたの大事なDNAは錆びていってしまいます。からだを動かさないで始終何かを食べていると、DNAは攻撃を受けまくって早く老化してしまうのです。DNAのアンチエイジングは運動と腹八分目が基本です。

加齢の影響が一番わかるのは「顔」ですね。見た目の中では、顔のシワとかシミが、老化の印象にインパクトがあります。顔のシワには、活性酸素に加えて、糖分も関係してきます。炭水化物をたくさんとると糖分が細胞のタンパク質と結合して細胞を焦げ付かせてしまいます。これを糖化と呼んでいますが、糖化の怖いところは、いったんタンパク質が糖化してしまうと元に戻せないということです。シワも一旦できると、自然には元に戻らないのですね。最近はどうしても食事はコンビニで済ませてしまう人も多くなっています。便利であること、品数がそろっていること、安全なことは大事ですけれども、コンビニで売っているような食品は、糖分、カロリーが高く、また安全に保存するために、薬品が使われています。できれば自炊、あるいは家やレストランで、その場でつくってくれた食事を少なくとも一日一食は取りたいものです。また炭水化物を取りすぎないで、野菜や果物、麦類に含まれる植物繊維を十八歳までに積極的にとっていくことによって、糖化による老化を防ぐこともできます。

ところでこの「見た目の若さ」については、面白いことに誰が観察しても大体同じ結果になります。「あの人は年の割に若いね」という意見は誰もが一致するのです。実は見た目が若い人はテロメアが長いことがわかっています。いつまでも「見た目が若く」いるには、体を動かし、炭水化物を取りすぎず、おなかをすかせて腹八分目、そして心配ごとをひとりでためこまないということになります。生活習慣を考えていくことがアンチエイジングになるのです。

認知症と戦うアンチエイジング

現代日本は超超高齢社会です。総人口に対して六十五歳以上の高齢者人口が占める割合を高齢化率と言いますが、一九七〇年には七%で高齢化社会と言われていました。一九九四年には一四%となって高齢社会と呼ばれ、二一%と二〇%を超えた二〇〇七年からは超高齢社会、そして、現在は二七・七%と、二五%を超えた超超高齢社会です。かつては皆さんより若い年齢層が人口の多くを占めていたのが、現代では〇歳から七十歳くらいまではその人口も大して変化がなくなってきました。かつては高齢者の数が少なく、若い世代が税金を払って、少数の高齢者を支えてきました。しかし超超高齢社会では、高齢者がもう珍しくないので、高齢者でも社会にしっかりかかわって、できれば税金を払ってほしいということがこれからの方向だと思います。高齢者が社会参画を続けていくためには、まず元気に活動するためのからだの筋肉と判断するための認知力が必要です。この筋肉そして判断力に深く関わる物質がからだの中でつくられています。テストステロンというホルモンです。テストステロンは、家の外に出て獲物を見つけ、獲物を捕らえて帰ってくるために、筋肉をしっかりつくり、そして判断力を養い、また獲物を捕まえようという意欲を促進するはたらきがあります。テストステロンは男性ホルモンとも呼ばれます。人間の基本形は女性なのですが、男性はお母さんのおなかの中にいる時に自分でこのテストステロンをつくることによって、「おぎゃー」と生まれた時におちんちんがついてきます。その後男の子らしさ、女の子らしさの違いが出てくる時にもこのホルモンがはたらきますし、皆さんが経験してきた思春期ではこのテストステロンが急激に増えることによって、皆さんは少年から青年へと変化していきました。このテストステロンはもちろん男性だけにはたらいてるのではなく、女性でも女性ホルモンであるエストロゲンの数倍から十倍近くこのテストステロンが血液の中にあります。からだのしくみだけでなく、社会活動に積極的に関わるためにはこのテストステロンが必要です。例えば生まれつきこのテストステロンが低いネズミがいます。このネズミは寿命も短く、早く老化しやすく、また学習効果が低いことがわかっています。このネズミにテストステロンを補ってあげると学習能力が回復します。テストステロンは先に述べたテロメアを伸ばしてくれる酵素であるテロメレースを増やすことができますので結果としてDNAのテロメアが短くなりにくくなります。地域集団を調べてみますとテストステロンが高い人が長生きであるということから、アンチエイジングにはあなたのテストステロンを減らさないことが大事です。テストステロンは自分が社会の中で評価されると増加します。例えばスポーツや芸術で賞をとった、勉強でいい成績をとった、こういう時にはあなたのテストステロンは上がります。あるいは部活の仲間や友達と一緒にいてみんなから褒められたり家族から褒められたり、そういうことでもテストステロンは上がっていきます。一方ストレスを感じたり、社会から評価されないとテストステロンは減ってしまいます。学生時代は色々な得意分野であなた自身が評価されてきたと思いますが、何と言っても友達の存在があなた達のテストステロンを上げてくれるのです。やる気が出るためには仲間や友達が必要だということです。社会に出ていくと、往々にしてあなたの思うように物事が進まないことがあります。一生懸命仕事をしても周りに認められないこともあるかもしれません。そのような時にはあなたを励ましてくれる友達や仲間の存在があれば、あなたのテストステロンを減らさず、そして結果的にテロメアも減らない人生を送ることができます。

最近の研究では脳の中で記憶をつかさどる海馬という領域で男性も女性も自らこのテストステロンをつくっていることがわかりました。いわゆる認知症と呼ばれる、他人がわからなくなり、社会に参画できなくなる状態には、テストステロンが減ってしまうことが関係しているのではないかとも言われています。私たち人間はホモサピエンスと言われていますが、実はホモサピエンスはその前の人類であるネアンデルタール人よりも脳が小さいのです。そして同じホモサピエンスでもこの二万年の間にどんどん脳が小さくなっています。ネアンデルタール人は脳が大きくおそらく一人一人の能力は極めて高かったにも関わらず、組織をつくることができなくてホモサピエンスに敗れていったと言われています。ホモサピエンスは集団をつくり、組織をつくることで社会を形成し文明を構築していきました。そのためには一人ずつの脳の大きさを少しずつ減らしてでも集団化するということが重要であったわけです。しかし脳が小さくなるプロセスにおいてこのテストステロンも少しずつ減っているのではないかと言われています。このことはネアンデルタール人では眉のうえが張り出し、頭蓋骨が大きいことから推察されています。そしてアフリカ人、ヨーロッパ人、そして日本人を含む東洋人で比較をしてみますと、凹凸の少ない東洋人はおそらく一番テストステロンが減っていった民族であると推察されます。テストステロンは集団ではなく個人プレーに長けたホルモンですので、集団で事をなしていく時にはプラスにはたらかなくなることもあります。われわれ日本人はどちらかと言うと個人個人の意思を尊重するよりは、社会の空気に従うような人を良しとしてきた経緯があるように思います。このような社会的にもテストステロンを出しにくい環境が、認知症が今日本の中で大きな問題になっている一つの原因ではないかと私は考えています。はるか先ではありますが皆さんが認知症にならないためには今となりにいる友達を大切にして、そして友達をさらにたくさんつくって下さい。そのことが単なる個人的な年齢だけのアンチエイジングではなく、日本という国家の、活動性という意味でのアンチエイジングへの最も近道ではないかと考えています。

十八歳の皆さんには計り知れない可能性があります。その可能性の中から自己を実現していくためには、社会とのコミュニケーションが大事です。アンチエイジングについて学びながら、これから皆さんが素晴らしい人生を送っていただくことを願っております。

堀江重郎（ほりえ・しげお）

一九六〇年、東京生まれ。泌尿器科医。日米の医師免許を取得し、分子生物学、腎臓学、腫瘍学、内分泌学について研鑽を積む。現在、順天堂大学大学院医学研究科泌尿器外科学主任教授。日本抗加齢医学会理事長。著書に『男性の病気の手術と治療』（かまくら春秋社）、『うつかな？と思ったら男性更年期を疑いなさい』（東洋経済新報社）など。

第3章

異文化交流を成長の糧に

アジアを結ぶ友情の架け橋

多様な学びを通して、真の思考力や表現力を身につけ、学歴にとらわれない本当の学びを追求して欲しい――そのためのアプローチとして本校では異文化交流を継続して行い、オーストラリア、ニュージーランドそして北京で、ホームステイや現地校での授業を実践してきた。

特にアジアの重要性に目を向け、二〇〇四年から北京研修旅行を行っている。これは高度成長を遂げる中国において、同年代の学生の勉強意欲や語学力の高さを目の当たりに感じ取ってもらいたいとの思いから生まれたものだ。さらに中学三年と高校一年では、第二外国語として中国語を選択することもできる。この授業を受け持つのは、北京研修旅行で交流を続ける北京市第八中学怡海分校の卒業生で、草の根レベルでの日中間の交流は今も綿々と続いている。

吉林大学附属中学校生来校

二〇二〇年一月、中国吉林省の名門校、吉林大学附属中学校の生徒、中学三年生と高校一年生の計三十三名が、日本文化を学ぶ目的で来日し、本校生徒との交流が持たれた。

この来校を前に、本校新聞部の井上晴道さん、樫山翔太さん、荒嶋航成さん、井上晃喜さんが中国国歌の作曲者である聶耳（ニエアル）氏について調べ、鵠沼海岸（県立湘南海岸公園）にある聶耳記念碑を訪れ取材した（以下の新聞部の記事は、藤沢市ホームページ「中華人民共和国国歌の作曲者聶耳（ニエアル）」、また聶耳記念碑にある説明文を参考にしてまとめたものである）。

聶耳記念碑

この記念碑、碑文と広場は、中国国歌作曲者の聶耳（ニエアル）先生が一九三五年七月十七日にこの地で不帰の客となったことを悼み、先生の偉大な功績をたたえるため、先生を敬愛する藤沢市民が中心となって設置し、守り続けてきたものです。そして聶耳先生の縁をなかだちとして、一九八一年十一月五日には藤沢市と聶耳先生の出身地である昆明市とが友好都市提携を結び、これまでの両市の相互理解と信頼、及び友情関係を深めてまいりました。これからも永きにわたり、この記念広場を日中友好平和条約の拠点として、両国民がお互いを敬愛しあい、心と心の真の交流が深まることを願っています。

（記念碑説明文より）

中国国歌の作曲者、聶耳

中華人民共和国の国歌「義勇軍行進曲」の作曲者である聶耳氏は、一九一二年（明治四十五年）二月十五日、雲南省昆明市で誕生しました。父は漢方医で薬局を営み、母と三人の兄、二人の姉で生活を送っていました。四才のときに父親を亡くし、治療のため家の財産を使い果たしてしまい、このときの葬儀の費用は親戚友人の援助を頼らなければならず、母が引き続き薬局を経営したが、貧しい生活を送っていました。親戚友人から学費を立て替えてもらい、昆明県立師範附属小学校に入学。成績はいつも優秀でした。この頃から笛や胡弓、月琴や風琴などの民族楽器の演奏を学びました。音楽では全校に並ぶ者はなく、音楽の才能を発揮していました。一九三〇年に上海に渡り、貧しい生活を送りながらもバイオリンの独学を休まず続け、翌年、「明月歌舞団」のバイオリニストに採用され、職業音楽家として作曲の理論や和声学を学びました。このころから作曲を手掛けるようになりました。「義勇軍行進曲」を作曲した年の一九三五年（昭和十年）、日本を訪れていた聶耳は七月十七日の午後、友人と遊泳中の鵠沼海岸で帰らぬ人となりました。「義勇軍行進曲」は一九四九年（昭和二十四年）に中華人民共和国の国歌となりました。

（写真：藤沢市ホームページ「中華人民共和国国歌の作曲者聶耳（ニエアル）」より）

聶耳氏の死を悼み、一九五四年に藤沢市民の有志によって記念碑が、一九八六年には没後五十周年を記念して胸像のレリーフが建てられた。毎年七月十七日には追悼の式典が行われている。

この新聞部の記事は中国語に翻訳され、来日した吉林大学附属中学校の生徒の皆さんに渡された。

藤岭中学新闻社12月6日赴鹄沼海岸（县立湘南海岸公园）进行采风。这次听闻吉林大学附属中学的同学们来我校访问、大家很是高兴、所以特地去了为中国国歌作者聂耳所设立的聂耳纪念碑进行实地学习。同学们在参观并了解了聂耳这一人物后都感慨颇深、对于藤泽市与中国的渊源也有了进一步的了解。

聂耳简介

中华人民共和国国歌作者聂耳、１９１２年２月１５日出生于云南省昆明市。他的父亲是当地的一名中医、有自己的医馆、家里还有母亲、三个哥哥、还有两个姐姐。不幸的是在聂耳四岁时父亲便因病去世了、而为父亲医病所花的费用也使这个家庭陷入困难。虽然如此、母亲仍然坚持、通过向亲戚借钱来让聂耳继续学业。聂耳小学上的是昆明县立师范附小、学习成绩非常优秀、同时在文化艺术方面也学习了笛子、胡琴、风琴等的民族乐器的演奏、而且技艺超群、充分的发挥了其音乐的天赋。１９３０年、聂耳远赴上海继续自学小提琴演奏、翌年加入〝明月歌舞团〟任小提琴手。在乐团里、他开始作为职业音乐人学习声乐及作曲。１９３５年聂耳在日本作成〝义勇军进行曲〟、但不幸的是、同年７月１７日他在与朋友于鹄沼海岸游泳时不幸溺水身亡。而〝义勇军进行曲〟在１９４９年成为了中华人民共和国的国歌。

【張鳴浩訳 中国語講師】

*

一月十日当日、ホールにて歓迎式が催された。本校代表者挨拶として佐野健校長が、訪問団代表として王岩（オウ・ガン）先生が挨拶。その後生徒を代表し、本校からは高校一年生の井上健進さんが、中国側からは莫子墨（バク・シボク）さんの挨拶があった。

来校歓迎式挨拶

学校長　佐野 健

みなさん、おはようございます。

日本に、そして藤嶺学園藤沢中学・高等学校に、ようこそいらっしゃいました。日本はどうですか。同じアジアの国々ではあっても、国それぞれの文化や歴史、国民性があると思います。異なる文化を知り、人と人が出会うことで、交流が生まれていきます。はじめは小さな出会いでも、友好的な出会いがあれば、長く続いていく交流が築かれていきます。日本への訪問、藤嶺学園への訪問が、楽しい思い出となり、大切な出会いとなることを願っています。

本校では、日本文化の理解を深めるプログラムとして、茶道や剣道を授業に取り入れています。今回の訪問では、茶道や剣道のプログラムを体験してもらえるように準備をしております。また、本校があります藤沢市は中国の雲南省昆明市と、一九八一年十一月五日に友好都市提携が結ばれました。提携を結ぶきっかけとなったのは、現在の中国国歌「義勇軍行進曲」の作曲者で、中国現代音楽の先駆者といわれている「聶耳」です。このお話は、後ほど紹介致します。そして、本校を創立した、仏教寺院「遊行寺」の見学も予定されています。

本校の中学三年生、高校一年生が、みなさんをおもてなしするホストになります。不思議に思ったこと。困ったこと。心配なこと。なんでもお話しして下さい。言葉が通じない場面もあると思いますが、通訳さんや司会の張先生、林先生に気軽に聞いてみて下さい。

最後になりますが、日本と中国の若者が友好関係を築き、お互いに尊敬し合うことで、平和で豊かな交流へと発展していくでしょう。今回の日本訪問が、皆さんのこれからの勉強や将来のお仕事に役立つものになることを期待します。

歓迎挨拶

吉林大学附属中学校教員　王岩

尊敬する佐野健校長先生、先生方、そして親愛なる生徒の皆さん、こんにちは！

吉林省吉林大学附属中学校の教員、王岩と申します。

この度、本学三十三名の生徒と引率の鄒義豊（スウ・ギホウ）先生をはじめ、他二名の先生方と一緒に貴校に訪問することができましたこと、大変光栄に思います。

実際に訪問させていただき、佐野校長先生のお話を伺って、貴校に対しての認識がさらに深まりました。

是非我が中学校についても紹介させていただきたいと思います。

吉林大学附属中学校は一九八九年に設立され、吉林省の重点中学校の一つです。私たちの学校は国内外の教育交流を行っており、中国国内の二十校以上の名門校と交流し、海外のいくつかの名門中学校と協定関係を結んでいます。

たとえば、シンガポールのリフア中学校、アメリカのレイクサイドキャンパス中学と姉妹校提携をし、数十人の生徒が公費で留学しています。

また、カナダのバンクーバー大学とも長年友好関係を保っています。「受け入れる、送り出す」（インバウンド、アウトバウンド）の教育方法を通じて、生徒の学業成績と多文化、自文化への理解を深め、また、教員の教育レベルも向上させてきました。

その結果、一九九二年の高校入学試験改革以来、本校の生徒の入試成績、また各教科の平均点も吉林省で第一位を達成し、吉林省の「基礎教育モデル校」として評価されています。

現在、本校には二千人以上の生徒が在籍し、今回訪問させていただいている三十三人は全員中学校一年、二年の生徒たちです。

中国と日本は共に儒教文化を持ち、共に東アジア文化圏に属します。両国間の教育交流は千四百年前の隋、唐の時代から始まりました。特に唐王朝時代には、日本から十数回の遣唐使が派遣され、中国に留学しにきました。

また近代の有名な中国の代表的な作家である魯迅、中国前総理周恩来の偉人たちは百年前に日本に留学しました。友好的な交流は今日でも続いており、そしてお互いに発展しています。

中国に有名な言葉があります「万巻の書を読み、千里の道を行く」。

今回の日本訪問は、まさにこの言葉通りの実践を体現したプログラムであると思います。今回の日本訪問を通して、先生と生徒が知識、自信、友情を得ることができると信じています。

ご清聴ありがとうございました。

歓迎挨拶

高校一年A組　井上健進

吉林大学附属中学校の学生の皆さん、こんにちは！　你好！

皆さんに会えて、とてもうれしいです。

突然ですが、私は去年、中国の北京に行きました。

それまでは、中国の人がどんな人なのか、想像がつきませんでした。

でも、北京に行くと、向こうの人は優しくしてくれたり、おもてなししてくれたりしました。

自分の中でもあの北京の旅行は、とても印象深く、「また北京に行きたい！」と思えるものでした。

今日の学校見学も、皆さんにとって印象深いものになってほしく、「また行きたい！」と思ってもらえるように、皆さんのことを精一杯おもてなししたいと思います。

吉林大学附属中学校のある長春市について調べると、政治、経済が盛んということで、写真を見てみると、おいしそうな食べ物や日本にはないような自然があり、思わず、「すごい！」と声を漏らすほどでした。私もいつか、こんなきれいな街に行ってみたいです。

とはいえ日本にも、おいしい食べ物や自然はたくさんあるので、皆さんにも体験していってほしいと思います。

改めて皆さんの来校を、心より歓迎いたします！

歓迎挨拶

生徒代表　莫子墨

尊敬する佐野健校長先生、ご担当の先生方
そして親愛なる生徒の皆さん
こんにちは！

この度、八日間の日本遊学プログラムに参加できまして、とても嬉しく思います。

また、生徒代表として挨拶できることを大変光栄に思います。

まず自己紹介をさせていただきたいと思います。

私は中国吉林省にある吉林大学附属中学校の八年十二班の莫子墨と申します。私の学校は一九八九年に設立され、三十年の歴史があります。

学校の教訓は「道徳を育み志を持ち、国のために行動し、卓越性を追求し、常に一位を目指す」です。

「道徳を最優先し、学問・体力共に重視し、総合的な能力を養い、リーダー意識を身につける」ことが教育方針になっています。

豊かな木々や花の香りのように、吉林大学附属中学校は独自の教育理念で、基礎教育の分野で常に吉林市でトップを維持してきました。

今日、皆さまと一緒にここに集まり、壮大且つ熱烈な歓迎で迎えられて、とても感動しました！　この忘れられない瞬間に、すべての教師と生徒を代表して、心からの感謝と敬意を表します。

日本にきまして、想像より疎外感を感じませんでした。おそらく長い歴史の中で、中国と日本の付き合いも長かったからだと思います。

中国に「万巻の本を読んで、千里の道を行く」という言葉があります。
この日本への訪問を最大限に活用して、経験を豊富にし、これから、中国と日本の若者たちが、両国と世界平和・発展のために助け合って協力できることを願っています。
ご清聴ありがとうございました。

一行は二グループに分かれ、本校の必修授業である茶道と剣道を見学。茶道では本校生徒の所作を参考に、初めての抹茶を味わうなど日本文化に触れ、遊行寺見学後、帰途についた。

二〇二〇年二月、日中両国の青少年の交流を目的に、多摩大学湘南キャンパスにて初めて「湘南中国語スピーチコンテスト」が開催された。本校が位置する藤沢市は、中国雲南省昆明市と友好都市提携を長年にわたり結んでおり、このコンテスト

は湘南地域で中国語を学ぶ大学生・高校生を対象として、「私と中国」をテーマに三分間のスピーチを行うものである。

百二十人あまりの市民が来場する中、本校からは十四名が参加した。惜しくも優勝は逃したものの、上位五位以内に三名が入る活躍を見せた。吉林大学附属中学校生来校時に生徒代表として挨拶をした井上健進さんは本校トップの二等賞で、中国語スピーチ能力の高さを発揮した。本校がこれまで培ってきた日中間の交流の流れが、今後それぞれの生徒の糧になり、花開くことが期待される。

年賀状で始まるラオスとの縁

一九六五年、日本から派遣された青年海外協力隊員によって、ラオスで初めて日本語教育が始まった。両国の関係は革命で一時中断したが、一九九〇年代から日本企業のラオス進出が拡大し、日本語ができる人材の需要増から日本語学習者は年々増加傾向にある。

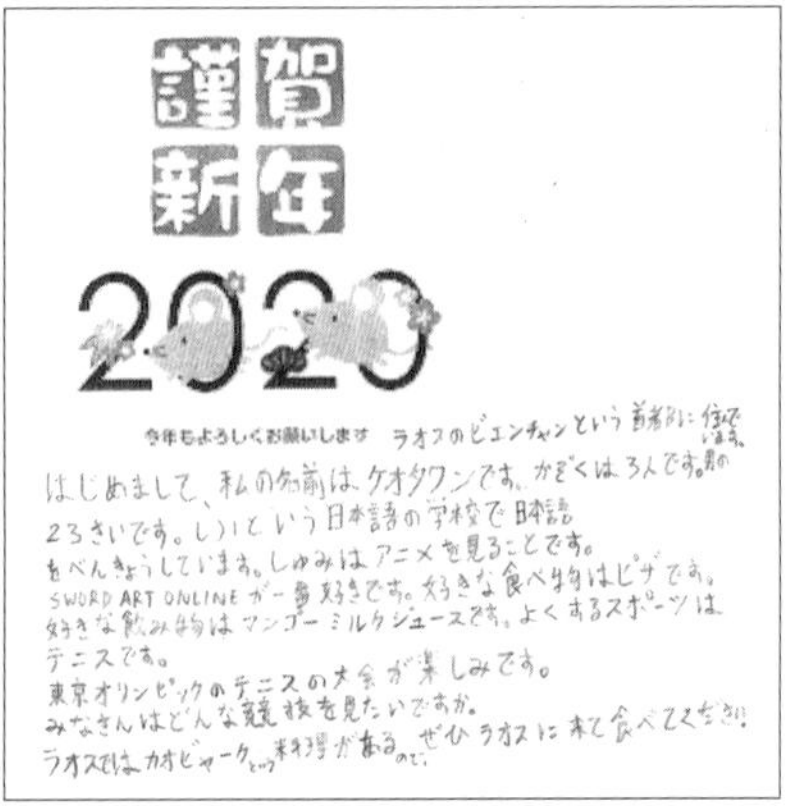

ラオス日本センターで日本語教師をしている林訑孝さんが、友人にラオスの日本語教育事情を相談したところ、「言葉は興味を持つと上達が早いかも。年賀状などで書く練習をしてみれば」とアドバイスがあった。旅行業を営んでいた友人が、本校の中国への研修旅行を手がけて

いたことから、年賀状交換の話が始まり、さっそくラオス日本センターで日本語を学習している二十一人から年賀状が送られてきた。

　学習者は日本語学習歴が一年半の初級者と二年半の初中級者。林さんから年賀状の習慣や書き方、干支についての説明を受けており、送られてきた賀状には新年の挨拶と干支の「子」のイラストに日本人への質問が書かれていた。本校では、林さんが発行する「ラオス通信」を校内に掲示し、年賀状に返事を書いてくれる生徒を募集。二十一人の生徒が質問に答え、年賀状から両国の交流が始まった。

「ラオスのお正月は四月で、水かけまつりがあります」と紹介した学習者には、

「一年を通してあたたかいラオスでは、水かけまつりはとてもきもちがよさそうですね」と返事を。「ラオスではタピルがはやっています」と書いた学習者には、「日本でもタピオカがはやっています。わたしはタピオカミルクティーが好きです」とあり、二〇一九年の流行語大賞に入賞した「タピる」が両国間でも通じていた。「ラオスのりょうりはラープがいちばんおいしいです」と書いた女性学習者には、「趣味は料理を作ること。ラープをちょっと調べて、それっぽくつくってみました。とてもおいしいですね。」ナンプラーとパクチーの独特の香りがたまりません」と実践しての反響もあった。「たからくじにあたったら、お金もちになって、せかいりょこうに行きます」と書いた男性学習者には、「あたって、せかいりょこうにいくときは、日本にもきてください」と書かれた返事もあった。

年賀状の交換によって、学習者は日本語のメッセージが伝わった喜びを味わい、学習者のなかには「ラオスのことや、貴重な海外の友人であるあなたのことについて、もっと知りたいと思っています」と自分のメールアドレスを書いて文通をよび

（写真：ラオス通信第17号より）

かける生徒もいた。本校の生徒は「ラオスがどういう国かわからないので、ぜひ行ってみたいです」「ラオスについて少し調べました。チャンパサックやルアンパバールなどたくさんの美しい所があることを知りました」とラオスに興味を持ち、未知の国を知るきっかけになった。

今回の年賀状交換を受け、佐野健校長は、「十一月に『ラオスからの手紙』が届きました。日本語を勉強している国立大学の学生さんや社会人の方々から、日本語によるお手紙でした。学び初めて一、二年の方々なので、ひらがなが多いですが、一生懸命に書いていることがわかります。二〇二〇年度、ベトナム研修が実施されますが、この参加メンバーにベトナムのお隣の国、ラオスからの手紙の返事を担当してもらいました。海外の方々との『こころの交流』を体験してもらいたいと思います。

本校にはグローバルコースはありませんが、人と人とのつながり、出会いを大切にしながら国際交流を構築していくというスタイルをとっています。二〇二〇年の一月十日には、中国の大学ランキングでトップ30に入る吉林大学の附属中学の先生と生徒四十名ほどが来校し、日本文化に触れる交流プログラムを実施しました。選択科目、第二外国語で『中国語』を選択している諸君は、中国語での交流ができるいい機会となりました。『中国語検定（ＨＳＫ）』にも役立ったと思います。中学三年生は二〇二〇年の三月末に上海外国語大学附属中学への研修旅行が実施されます。

中学校・高等学校のさまざまな研修旅行は、ゴールではなくスタートであると考えてほしいと思います。将来、グローバル社会で活躍するキャリアをイメージしてほしいと考えています。そして、二〇一八年度からの海外との交流が藤嶺藤沢のグ

ローバル教育へとさらに進化させられるように取り組んでいきたいと思っておりま
す」
　と生徒に向けてコメントを出した。本校での国際交流が生徒一人一人の海外への
架け橋となってくれることを願うものである。

【特別寄稿③】

二〇二〇年二月十五日、ブランチ理央さん、山本真実さん、池田和樹さんの三名が愛知万博開催の立役者でもある松尾隆之氏と対談する機会を得た。

「自然の叡智(Nature's Wisdom)」に込められた思い

元通産省国際博覧会推進室長　松尾隆之

二〇一八年十一月二十三日、仏パリで開かれた博覧会国際事務局(BIE)総会で二〇二五年万博の開催地が日本・大阪に決まりました。自分の生きている間に二度目の東京オリンピックとともに、再び地元の大阪で三度目の万博を経験するとは思ってもいませんでしたので感慨深いものがありました。思えば一九七〇年大阪万博で長時間並んで米国宇宙船が持ち帰った月の石を見て、宇宙の時代が来ることを実感した驚き、太陽の塔がお祭り広場の大屋根を突き破り、一体これは何を訴えているのか、探究心とともに、世界各国の先端技術、文化、交流の場に心が躍った子どもの頃の強い印象を今でも鮮明に覚えています。その後、通商産業省に入省し、国際博覧会推進室長・BIE日本政府代表として、自らが二〇〇五年愛知万博の船出を担当することになり、二十一世紀最初の新しい万博像・理念・テーマ「自然の叡智」を考え、国として万博開催を決め、激しい誘致活動を戦い、日本開催に持ち込むことを経験することになりました。この「自然の叡智」に込められた思いは、愛知万博号の嵐の航海の船出の苦難の経験含め、自分の人生にとっても大きな羅針盤になり、自らの人生の哲学になっています。

二〇〇五愛知万博、新しい二十一世紀の万博像「自然の叡智」を提示

一九九五年夏、仏パリに本部があるOECDの国際機関での勤務を終え久しぶりに通産省に戻り、国際博覧会推進室長・BIE日本政府代表として、愛知万博の九五年閣議了解（国としての意思決定）、九七年日本への誘致（BIE加盟国の投票で開催国決定）を担当することになりました。

愛知万博は、愛知県・名古屋・中部圏が一九六四年東京オリンピックと一九七〇年大

阪万博の東京・大阪の狭間にあって、名古屋オリンピック誘致（一九八八）も韓国ソウルに大敗し沈没しかねない状況で、地元の長年の誘致活動とともに地元経済産業の起爆剤としての悲願にもなっていました。戦後の日本のものづくり産業を牽引した一大産業圏にも拘わらず国際的知名度は低く（国際的にもトヨタの本社がどこにあるのかも知られていなかった）、国際空港や中部圏の環状ネットワーク整備とともに、新しい地球環境共生型の国際的に開かれた産業構造・体質に変革していく大きな転換期でもありました。一方で、国際博の度重なる開催中止、国際博覧会条約の見直しなど歴史的に万博が制度疲労により転換期を迎え、二十一世紀の新しい万博像が国際的に求められていました。国内では、東京都市博が中止に追い込まれ、万博不要論（時代遅れ、財政無駄遣い）の声が高まり、さらに追い打ちをかけて、里山での会場計画が自然環境破壊につながる、との反対運動が活発化していました。開催誘致の競争相手のカナダは反対運動もなく雄大な自然保護を背景に誘致活動を先行していました。このような国内外の万博見直し論や環境反対の動きがあったからこそ、当初の開発型計画は大幅に見直すことになり、従来の開発指向を反省し地球的課題である地球環境・資源エネルギー問題を含め、自然と人間の共生を考える二十一世紀の問題提起型の万博を目指す方向に大きくシフトし、新しい理念として「自然の叡智」を提示しました。「多様な価値観を持った世界の人々の叡智を集め協創する智の万博、未来社会の実験場、地球市民参加型、会場場所を超えた継続的発展、アジアの視点」を内容とする新しい万博像で誘致戦を戦うことにしました。人間は自然界の一部であり、その共生のインターフェイスが技術であり、それが人間と自然の技と匠のアート（芸術文化）を産みだしてきた歴史・文化に繋がります。単なる自然保護ではなく、人間が厳しい自然の中で生きていくための叡智に繋がります。逆境は、地元の身近な里山の自然と地球的課題を自ら考える機会となり、里山の植林や魚や生態系を取り戻す川の浄化など自発的な市民参加型の活動を生み出しました。開催地の里山の課題は、成長するアジアの課題、地球制約の地球環境対応に繋がるものです。

自ら調べ自ら考え、そして動かせ

このような内外の逆境下で地元調整、各省庁・政財界含め、厳しい調整により閣議了解を経て、誘致競争を闘うことになりました。当時、相談した通産省官房部局の先輩も

「逆風で大変なことはよくわかっている。とにかく開催に向けて思い切ってやれ。知恵と方法は任せる、君が考えろ。全面的に応援する」。つまり「自ら調べ考え、そして動かせ」ということ。新しいポストに着任したから諸先輩同僚がいろいろ教えてくれると思ったら大間違い。通産省は商工省の頃から伝統なのか、時代を見据え野武士的な雰囲気の中で、上意下達を嫌うカルチャーがあります。国家の将来を真剣に考え、前例踏襲を嫌い若手が改革案を創案し上司や政財界を動かし省壁に拘らず他省庁も動かしていく。思えば、長年の官僚生活の中で、このような思いを抱く先輩、同僚とともに仕事ができたこと、大きな壁に挑戦できたことは、自分の人生にとって大きな財産です。入省時から通常残業省とも言われ、土日含め国会期間中は徹夜や役所泊も多く、滅私奉公の長時間残業勤務です。資源エネルギー庁勤務時は、省エネルギーの旗を振って冷暖房節約環境の下、部屋では夏の猛暑は服を脱いで、冬はコートを着て寒さを凌ぐような日々でした。まさにブラック企業以上の職場環境だった時代ですが、それでも国家の舵取りに関与して、民間の諸先輩含め産学官政界の様々な人材とのご縁で自ら学び考え成長できるところが多く、その刺激と少なからず使命感、気持ちの張りで、体力とともに何とか公務員生活を全うできたのではないか、と思っています。今では自分の選択肢は間違っていなかったと思っています。最近はそのような職場環境含め不祥事のコンプライアンス等官僚への風当たりも強くなり、良い意味での官民含め自由闊達な雰囲気が変わってきているのを寂しく感じています。

なぜ通産官僚になったのか、脱線して学生時代を振り返ります。私自身は兵庫県芦屋で小学生時代を過ごし、野球少年として、父の転勤で東京に移ってからも中学・高校も野球部の部活中心の生活でした。高校三年の夏の大会は投手として連投し肩を痛めてから、大学ではスキー競技に打ち込みました。これらの運動部での経験は、少なからず、団体と個人競技を含め、少しは逆境に逃げない精神力・忍耐力、チャレンジ精神・気力に繋がったと思います。苦しい時にはチームの同僚に助けられ励まし合うという、人の心の絆や利他の心も少し学んだような気がします。苦難や喜びを共に分かち合った部の同期や、社会人になってからも一つの目標に向かって逆境下で情熱をかけたプロジェクトを共にした戦友は、かけがえのない生涯の友です。社会人になっても先輩後輩の礼節とともに、試合や合宿など喜怒哀楽を共にした思い出は酌み交わす酒の肴となり、夕イムスリップしたように生涯続きます。学生時代に共に苦労したり喜んだりお互いの共有した経験と友人関係を大切にしてください。逆境の時こそ人の真価が問われ、一期一会の出会いを大切に、大きな壁に向ってとことん考え挑戦していれば自ずとよい出会いが現れます。偶然のように、しかし人生の必然のような運命の絆に繋がるような気がします。負け戦に関わりたくないのか多くの人が離れていく中で、嵐の中で沈没しそうな愛知万博号の船出に飛び乗ってくれた人との出会いで実感しました。

自らの進路については学生の頃に決まっていたわけではありませんでしたが、母校の旧制高校伝統の建学三大理念が少なからず影響していました。私が進学した私立武蔵中学・高校は、いわゆる受験指向の進学校とは一線を画し、大学生のように自由闊達な雰囲気の中で、答を覚え教えるというのではなく「自ら調べ考える力のある人物」として自主性（自らの責任と判断）を重んじる教育が徹底しています。とくに、本物に触れる現場主義というのか、物理や理科教育は実験観察を中心に構成されるべきもの、との昔からの考えが踏襲されています。武蔵学園長の有馬朗人先生（元文部大臣・東大総長、物理学者）、五神真東大総長（物理学者）もその伝統を受け継いでおられます。そして

「東西文化の融合、世界に雄飛する人物」の理念については、自分も将来はグローバルな国際的なビジネス・産業に携わりたい、との漠然とした思いはありました。実はこの建学三理念は卒業後の社会人になってから、国家公務員としても、ものづくり企業経営においても、より重要な羅針盤になっています。中学高校で学んだ基本理念が、その頃は気が付かなくとも、その後の社会人になって生かされてくるのではないかと実感しています。

さて、大学では経済学部に進学したものの学業一筋というより運動部生活が中心であったため、学部卒業後は、大学院で本格的にビジネスを勉強するか、できればシリコンバレーのようなダイナミズムのある米国への留学を漠然と考えていました（その後通産省でスタンフォード大学にてシリコンバレーを勉強することになり、若い故スティーブ・ジョブズ氏〈アップル創業者〉と大学に導入したばかりのマッキントッシュ〈128K〉を手にしながら議論する機会に恵まれました）。ところが人生とは不思議に試練を与えるもので、在学中に父が病で倒れ、学部卒業後は就職を余儀なくされ、家族交代で病院での看病の日々となりました。それが国家公務員試験を受けるきっかけと短期集中の勉強時間を与えてくれたのです。当時、戦後の荒廃した日本経済の復興と資源のない日本の産業育成を牽引した『官僚たちの夏』を読んだり、日本経済産業の復興に尽力した白洲次郎の生き様に刺激を受けたり、自ら官僚に対して抱いていたイメージが変わりつつありました。学生の頃、霞が関の通産省の片隅で深夜まで長い間待たされながら、不夜城のごとく夜を徹して激論する通産官僚を横目で見ながら、戻ってきた夜型の故堺屋太一さんは、大阪万博がなぜ企画できたのか、学生相手の私に、深夜遅くまで熱い思いを語ってくれたことを覚えています。

「自分は官僚を辞めて作家に転身するが、通産省は若い人材が国を変えていこうとする気概がある自由闊達な職場だよ」。当時は、役人のイメージが嫌いだったため民間・ビジネス志望を漠然と考えていましたが、まずは、より広い視野で通産省で経済産業や通商を勉強しよう、との思いに至り、背中を押していただいたような思い出です。

シラク大統領日本支援→潮目の変化、日仏交流促進へ

一九九六年六月、フランス・シラク大統領新任直後の最初の日本とのトップ会談として、

当時の橋本総理代理としての小渕代表、豊田会長がフランス・シラク大統領と会談しました。日本の歴史文化に造詣の深い大統領からは日本との文化交流と仏投資・日仏産業連携が話題となり、いち早く日本開催支援が表明されました。機転を利かされた小渕代表は直後、大統領府前記者会見で公表。これを転機に加盟国数の多い欧州票を切り崩し、カナダへの同情票含め圧倒的優位と言われていた潮目が大きく変わる契機になりました。カウンターパートの各国BIE代表からもフランスの日本支援の影響は大きかった、と聞きました。各国は外交的配慮から支持国を公表する場合と非公表の場合があり、他国への波及や票読みは複雑です。博覧会国際事務局の本部はパリにあり、フランス語圏の多いBIE加盟国を勘案しても、不利な戦況打開にフランスは最重要のターゲットでした。その後、旧英連邦連携を崩すべくイギリスへの切り崩しにも注力しました。誘致戦含め豊田会長とともに財界連携は、万博推進協議会事務局長の故曽山幹也（トヨタ出身）氏が、周囲の批判や反対を意に介せず情熱を持って逆風下の愛知万博号の船出の舵取りに尽力されました。相談をすると懐の深い曽山先輩がいつも素早い決断力と温かい言葉で励ましてくれました。旧交を温め飲み交わしたお互いの思い出と笑顔は生涯忘れられれないものです。

　故小渕万博推進議連代表は愛知万博誘致後、外務大臣に就任され、その後総理になられましたが、当時は橋本総理代行として万博誘致専任でＢＩＥ総会決選まで精力的に各国首脳を回り、ご一緒しつつ親身になって相談に乗っていただく貴重な機会をいただきました。海外においても、相手の心を思いやり、気配りと丁寧な対応ぶりは素晴らしいものでした。学生時代に海外でお世話になった方々へのご恩返しや、訪れたポルトガルでは久しぶりに再会された柔道家・首脳とのご縁もあり、元エアネス大統領との会談は、その後のポルトガル語圏の多いアフリカ・中南米諸国との連携にも繋がりました。両首脳のご縁とご尽力で歴史的な繋がりのある日葡（ポルトガル）のわかりやすい、子どものための小百科が各地の小学校に配られました。このプロジェクト含め日葡交流にご尽力されている伊藤玄二郎さん（かまくら春秋社代表、リスボン工科大学客員教授）のご案内で、誘致の合間を縫って訪れたエヴォラの古文書館では、歴史的な南蛮屏風（下張に安土桃山時代の歴史的な古文書。イエズス会の拠点エヴォラに持ち帰られた）に出会い、その後の南蛮屏風エヴォラ古文書の修復プロジェクトに繋がっています。誘致後の次年度は鹿児島県商工労働部長に着任し、自らザビエル来航四百五十周年事業やリスボン博・種子島ポルトガル交流などを担当することになりその縁がさらに発展しました。誘致活動を通じて各国様々な人、歴史・文化の出会いを経験することができ、そのご縁がさらに広がり様々なプロジェクトが始動し貴重な経験となりました。

誘致戦は、圧倒的不利な序盤戦から徐々に追い上げる展開となり、逆にカナダはカリブ海諸国の小国にもBIE加盟と支援を呼びかけ票固めの戦術展開となり、最後の最後まで予断を許さない誘致戦になりました。BIE総会前の終盤戦は加盟国増を巡るBIE事務局長含めた水面下の調整とともに総力戦での票読みです。私自身は誘致戦司令役とともにプレーヤーとして各国を飛び回ることになり、時差調整も忘れるぐらいフル回転でしたが、何とか体が持ったのも体力と気力であったと思います。誘致ではあらゆるチャネルでの人脈と交渉が錯綜し話が尽きないところです。

さて、フランス大統領日本支持表明は、その後の文化交流やトヨタの欧州進出（フランス・バランシエンヌ工場建設）の流れなど日仏連携に引き継がれました。その後欧州担当課長として日仏産業投資促進を担当し、バランシエンヌ工場立上げを見届けることができたのも万博のご縁だったのかも知れません。現職のNTNでは、仏ベアリング企業を傘下に治め日仏産業協力のご縁にも繋がっています。様々な役職での経験と苦労を共にした人脈はその後も螺旋階段のように繋がりながら活かされ一歩一歩成長していくものと実感しています。

愛知万博の「自然の叡智」が苦難をともにした関係者とともに、その理念が世界に広がり、多くの方々が共感し地球環境と地球の制約を超えて、利他の心のおもてなしで二〇二五年大阪万博に、そして宇宙の世紀に受け継がれ進化することを切に願っています。

松尾隆之（まつお・たかゆき）

一九五六年兵庫県生まれ。一九七九年、東京大学卒業後、通商産業省（現経済産業省）入省。鹿児島県商工労働観光担当部長（現薩摩大使）、OECD科学技術産業局長（在フランス）等勤務。スタンフォード大学客員研究員、東京理科大学大学院客員教授等歴任。二〇〇八年からNTN株式会社勤務（現在常務執行役員）。大阪経済大学客員教授、根津育英会武蔵学園評議員ほか。

対談で松尾氏は、社会では答えのない問題にぶつかることがある。その時にどう答えをだすのか。難問に逃げずあえてぶつかり、共に乗り越える友人を大切に、勉学に励んで欲しいと激励した。

池田　二〇二五年開催の大阪・関西万博を松尾さんはどのように見ていらっしゃいますか。

松尾　大阪は二度目の万博となり、今回のテーマは「いのち輝く未来社会のデザイン」です。愛知万博の「自然の叡智」は、生命の起源から将来へと人と自然と命を謳っており、テーマの「命」は大阪へと引き継がれています。命の問題、これはアフリカの貧困、自然エネルギー、感染症……まさにSDGsで、学校では教えてくれないものばかりですが、皆さんのような若者一人一人が真剣に考えていかなければならない問題です。

池田　そのためにすべきことはなんでしょうか。

松尾　これからはインド、アジア、アフリカの世紀です。その視点を養ううえで、ぜひ若いうちに外国に行き、価値観や文化の違う人とコミュニケーションをとって欲しい。グローバルな世界に目を向け、英語だけでなく、多数の言語でコミュニケーションがとれるようになれば、いざ社会に出る時にとても役に立ちます。

山本　人の縁や友人の大切さを語っておられますが、そこに込められた思いとは。

松尾　社会人になると、誰も教えてくれない中で、答えのない問題を解決する必要に迫られます。詰め込み教育だけでは答えが導けず、いかに自ら考え、調べ、行動するところまで持っていくかが大事です。大きな壁にぶつかればぶつかるほど、やりがいがありますが、それと同時に、夢と挑戦の向こうには人との出会いがあるもの。苦しい中で共に戦った人は一生の友人ですから、その絆をぜひ大切にして欲しい。苦しい時は逃げず、自分の心を鍛える絶好のチャンスだと思ってください。大きな壁があればあるほど挑戦することで、いい人との出会いがあると思います。

ブランチ　愛知万博のテーマ「自然の叡智」は、自然環境だけでなくエネルギー面においても意識したものなのでしょうか。

松尾　かつて万博は産業展示の場でしたが、今では世界共通の課題をみんなで知恵を持ち寄って考える場になっています。ご存じのように、地球はもはや限界にきています。火力発電のように自然から資源を取り出す技術だけではなく、これを共生の技術に変える必要がありますが、そこで行政は答えのない問題に応える必要があるということです。ＯＥＣＤでも水素社会は環境によいとされ、私たちも五十年後の水素社会の実現をめざしていますが、それはあくまでも五十年先のことです。今必要なのは、現実の世の中に即したシナリオを緻密に作りあげていくこと。東日本大震災は原子力エネルギーにはリスクがある、早く自然エネルギーに転換しなくてはいけないという警告だったと思います。

ブランチ　答えのない問にはどのように対応すればよいのでしょうか。

松尾　大きな難問や答えのない問は、自分や世界を変えていく良い機会ととらえることができると思います。例えば、自然エネルギーへ転換するための技術開発、社会や経済のリーダーシップ、国民のコンセンサスに対して一つ一つ、評論家としてではなく、答えを出す苦しさを感じながら、逃げずに緻密に見いだすということです。そのためにはリベラルアーツをしっかりと身につけ、自ら調べ、考え、自分で判断することが大切。万博とは答えをみんなで考えるための問題提起の場であると思います。グローバルな知恵を集める万博のような場に、ぜひ若い方もさまざまな形で参加して自分を磨いて欲しいと思います。

ブランチ理央さん、山本真実さん、池田和樹さんは三菱商事顧問として活躍する古川洽次氏とも対談。古川氏は勉学に励んだ自らの半生を顧みつつ、勉強であれ趣味であれ物事には一生懸命取り組むことが大切である。多くの選択肢がある昨今だからこそ、その決断は自分自身にあると語った。

井戸の底からの出発

三菱商事顧問　古川洽次

令和二年四月二十六日は八十二回目の誕生日であり、直近の男子の平均寿命を超えた。改めて振り返れば、生を得てこの方、罹った病気や怪我を数えると十指に余る。最初の大病は六歳のときで、疱瘡ではないかと思われる病気に罹った。

太平洋戦争が末期に入ろうとしていた昭和十九年の初夏、司政官として比島へ赴任する父を送った私たち一家四人は、杉並の東田町から、母シゲの生家がある薩摩川内の久見崎へ疎開した。東シナ海に流れ込む川内川河口南岸の地である。

ところが翌年の正月を過ぎた頃から、私は急に高熱と下痢が続き、体中に湿疹と腫瘍ができ始め、痩せ細って殆ど寝たきりになる。久見崎は無医村落で、最寄りの診療所が川内川沿いに一里半（約六キロ）川上の高江村にあった。診察や治療を受けるには、徒歩で向かうか、日に一往復するポンポン船を利用するしかなかった。民間医療の心得があった村落の長老は、藁にも縋る思いの母の問いに、首を横に振ったという。

ところが二月の終わり頃、四歳年上の兄と母がしていた新学期の教科書の会話が聞こえ、「学校に行きたい」と思った辺りからである。不思議なことに薄紙を剥ぐように病状が少しずつ快方に向かった。三月の終わり頃には、よたよたした足取りではあったが、歩けるようになったのである。

そして昭和二十年四月二日、母に付き添われて、滄浪国民学校に入学、一年生になった。ただ、学校に行ったのはその一日だけで、次の日からは自宅でまた寝たり起きたりの毎日である。日がな一日、東京から運んできた父の蔵書や祖父の本棚の本を読み漁っていた。

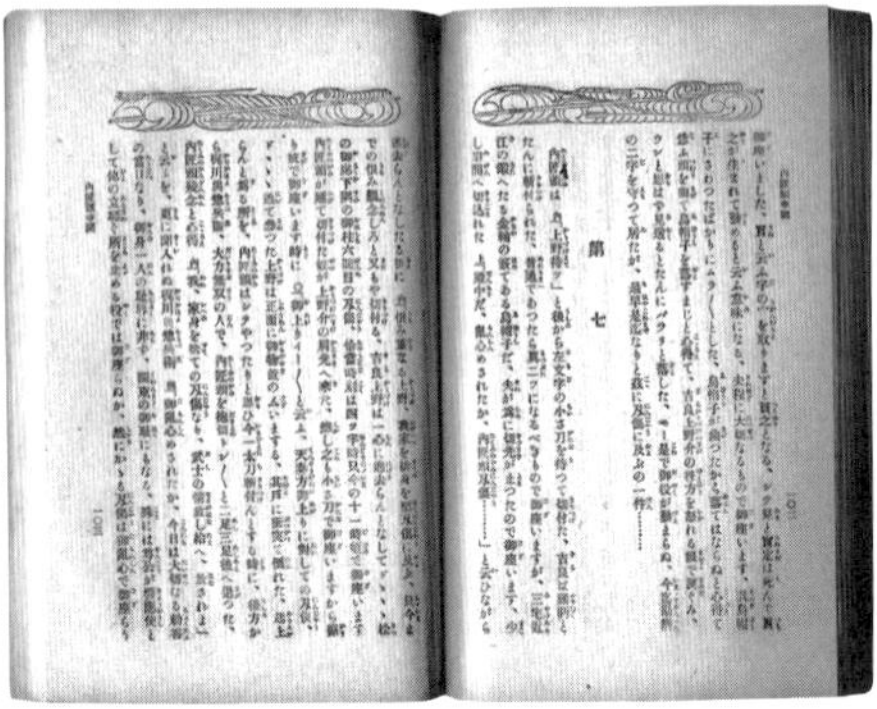

講談本『赤穂義士銘々傳』

東京から運んできた父の蔵書は、主に夏目漱石や中里介山などの文学全集で、祖父の本棚には講談本がずらり揃っていた。『赤穂義士傳』『義士銘々傳』『義士外伝』などの忠臣蔵本や『岩見重太郎傳』などの豪傑傳、更には『清水次郎長傳』などの任侠傳等々。いわゆる血沸き肉躍り血涙を絞るような講談本である。

新学期が始まる前後から、戦局はいよいよ悪化、本土各地に米軍機が編隊をなして飛来するようになる。B29による本格的な空襲が始まった。三〜四月にかけて鹿児島市に空襲があり、六月十五日からは市全体が大空襲に見舞われた。その頃から川内地方にも散発的な空襲があり、夏休み中の七月三十日には、滄浪国民学校の校庭で、勤労奉仕のために登校し校庭で整列していた生徒が、単機飛来の米軍機による機銃掃射を受ける惨事が起きた。同級生の兄姉七名が犠牲になったのである。

終戦になり、夏休みが終わる頃になると、私の体力は次第に回復してきた。二学期からは何とか独りで通学出来るようになる。ところが十一月のある朝、右眼に異変が起きた。朝起きると眼が痛くて開けられないのである。

新校舎落成時。最前列右から4番目が私

母は、眼医者の情報を求めて村落中を訪ね歩いたようで、六月の鹿児島市大空襲で被災した眼科医が高江に止宿しているという話を聞き込んできた。早速、翌日、一里半の道を歩いたり母に背負われたりしながら、高江の眼科医を訪ねて診察を乞うたのである。

楠元医師は、訝りながらも快く診断のうえ、「細菌が入ったようだ。ただ、視野に不透明な曇りが掛かる原因は、調べなければ判らない。ここには設備がないので、川内市の眼科医に診て貰った方がいい」と話してくれた。

母は、慣れない農作業や家事に追われながら昼夜を問わず働いていた。折から、比島に赴任してルソン島山中で消息が絶えた父が戦病死していたという知らせが届いたのである。一家は途方に暮れた。川内市に行き、眼科医の診察や治療を受けるのが難しいとぐらいは、子ども心にも察しがついた。母の嘆きをよそに、右目の曇りが消える気配はなかった。

三年生になったある日、井戸の傍を通りかかると、何人かの女子生徒から、

「コージさん、釣瓶が外れたから掛けて」と声が掛かった。

頼まれるといやとは言えないのは持って生まれた性格だ。二つ返事で井戸の縁に上り、滑車から外れた綱を両手に持って元に戻した途端、滑車が回ってバランスを失い、井戸の中へ転落したのである。釣瓶や側壁に触れることもなく、足を先にして真っ直ぐに落ちた。井戸の水は胸元辺りまでだったが、すぐ、煉瓦で組んである周囲の縁につかまって見上げた。

そのとき眼に映った光景は今でもときどき夢に見ることがある。初めは満月のような真ん丸しか見えなかった。間もなくぽつりぽつりと、人の顔が丸い縁に並んだのである。

そして真っ先に竹山先生の、

「おーいコージ、大丈夫か」という声が聞こえてきたのである。

数日後、母に背負われて登下校した覚えがある。どうしても学校に行きたいと母にせがんだからである。ところが次の朝、登校の時間になると、外で、

「コージ」と呼ぶ声がした。

出て行った母が驚いた。同級生たちが騎馬を組んで迎えに来たというのである。いちばん背の高いイサムが前脚に、カズマとヒデトシ達が後脚になり、その他数人がわいわいがやがや言いながら学校まで連れて行ってくれた。それから約二週間、仲間の騎馬で通学したのである。同級生たちの騎馬で通学したことを、私は忘れることが出来ない。

騎馬の友。騎上が私、向かって右がカズマ、左がヒデトシ、中央がイサム

右目の病状はゆっくり悪化していった。四年生になり、川内と久見崎間に乗り合いバスが通るようになり、ようやく川内市で眼科医の診察を受けることが出来た。

「角膜が白濁していて、進行中のようだ。治療してみよう」という診断だった。薬を貰い、土曜日毎に暫く通院した。二月程後に、母と一緒に医師に呼ばれて、

「残念ながら手遅れだった。治療を続けても、これ以上視力が戻ることはない」という主旨の結果が告げられたのである。通っている間に受けた治療の感じから、何となく予感があった私は、やはりそうかと比較的冷静に受け止めたが、母は大層厳しい顔をしていた。

帰宅するとすぐ、母は兄妹も呼び自らも正座して、私に向って言ったのである。

「治次さん、眼を治してあげられなかったことはご免なさい。井戸に落ちた足は治って元気になったのだから、これからは右眼の分も、二倍努力しなさい」と。

私はこの日のことと、母の言葉を片時も忘れたことはない。

久見崎には小学校しかなかった。中学は一里半川上の高江まで通った。帆布で作って貰ったバッグを肩から下げて、イサムやカズマ、ヒデトシ達と二十五人が前になったり

後ろになったりしながら、起伏の多い川沿いの田舎道を一時間半かけての徒歩通学である。往復三里の道を、雨の日も嵐の日も毎日歩いたのである。農繁期には、途中のさつま芋畑に寄り、バッグを道端に置いて、畑の草取りや芋掘りなど母の農作業の手伝いもした。二年間だったが、それまで病み上がりで脆弱だった体は徐々に健康を取り戻していったのである。そして中学三年になる直前の三月、私たちの将来を案じた母が、鹿児島市内に職場を得て、一家は久見崎の地を後にした。

私のために騎馬を組んでくれたイサムは、中学卒業と同時に遠洋まぐろ漁業船に乗り組み世界の海で活躍。その後、帰郷して漁業や農業に勤しむ傍ら、地域の活性化に尽力した。家業が一杯船主だったカズマは中学卒業と同時に自家船・戎丸に乗り組む。船長になった後、更に家業を発展させて、一時は土砂運搬船を二隻持っていた。イサムとカズマと私以外の同級生は、男子は殆ど阪神地方の鉄鋼や機械などの製造業、女子は岐阜・名古屋地方の紡績会社などに集団就職している。尾張一宮の紡績工場に入ったサッチャンは、困難な職場環境にありながら好きだった習字の自習を続けて、遂には中日書道展に入選したという。私が大学を出て仕事に就き、ようやく慣れた頃、彼らはもう一端の働き手になっていた。何は措いても毎年出席していた同窓会で、仕事のことを話す彼らの姿は、私にはとても眩しく映った。

昭和二十九年、私は県立甲南高校に進んだ。旧制七高の流れを汲み、進取と質実剛健の校風を持つ高校だった。知性と個性に富んだ四十八人の仲間たちと、二、三年を同じ八組で過ごせた日々は、何事にも代えがたい経験だった。

仲間たちは、医師が五人、ジャーナリストや大学教授、教師、俳優兼劇団主宰、画家、更に自営業や会社役員など幅広い分野で活躍。いま尚、現役も少なくない。

雑誌「財界」令和元年十二月号の〝ゆかいな仲間〟欄に、八組の仲間三人と一緒に登場したが、その中の、周ちゃんこと和田周君は異色だ。八組は進学クラスだったが、彼は大学には目もくれず、演劇一筋の道を進んだ。新人会などを経て、劇団「夜の樹」を創立して主宰。今もなお、年に一度、創作演劇を公演している。俳優として活躍しながら、午後からの時間を有効に使えると、早朝から働けるゴミ取集車の運転手として長く働いていた。周ちゃんや尾張一宮のサッチャンたちが、自分の志を果たすべく精進している姿は輝いている。

卒業後は毎年、各地でクラスの同窓会を開いていた。数年前からは、鬼籍に入る仲間が出始めたこともあり、卒業六十年を機に一応の区切りとした。だが、いまでもSNSなどを介して、兄姉同様の付き合いが続いている。

高校時代は、兄が大学、妹が高校に進学していた時代であり、家計は火の車状態だった。兄も私も日本育英会の奨学金を借りていたが、更に兄弟夫々で許す限りのアルバイトに精を出した。すっかり元気になった私は、小中学生の家庭教師や母が勤める事務所の清掃などに励んだのである。それでも振り返って見れば、高校三年間は、多事だった青春時代の、束の間のオアシスでの憩いであった。

九州大学に入学し、箱崎の学部に転じると、必須の講義が多く学業が忙しくなることがわかった。どうしようかと思いながら、法学部の掲示版を見ていたら、「原稿担当者募集」と求人の張り紙が目に入った。事務室で聞いてみると、当学期に行われる講義の講義録を生活協同組合が作成するために、講義の原稿を書く担当者を募集しているというのだ。当時、苦学生は珍しくなく、アルバイトなどのために止む無く受講出来ない学生が結構多かった。そういう学生たちのために、生協が講義録を作成して、期末試験の前に一冊二百円程度で販売していたのである。願ってもないアルバイトだと思い、早速、担当することにした。だが引き受けてみると、思った程、容易ではなかった。先ず何があっても休めない。講義が始まる前から教室の最前列に陣取る。九十分の講義を、黒板に書かれたメモや片言隻句に至るまで大学ノートに書き写す。終わると直ちに原稿用紙に書き直し始めるのだが、テープレコーダーやコピー機具などが無い時代である。初めて受講を筆記したときは、自分で執ったメモが判読出来なかった。九十分の講義を再現すべく原稿用紙に書き写すのに一晩かかったのも一再ではなかった。

最初の動機は糊口を凌ぐ目的だった。だが、図らずして学問の奥深さと面白さを垣間見ることが出来たのである。結果として一挙両得ともいえる経験になった。

大学卒業は昭和三十七年だ。かねて、卒業後は新聞記者か放送記者になりたいと思っていた。だが兄が既に南日本新聞の記者になっていたので、貿易商社にチャレンジすることにした。国際的な舞台で仕事をしたいという漠然とした希望があったからだ。ここで、大学で講義録の原稿担当をしたことが役にたった。殆どの同級生が私の作成した講義録を参考にして学期末試験に臨んでいたのである。原稿を書いた私の成績が悪い筈がない。

当時は志望する会社に、履歴書と成績証明書を提出していたのである。三菱商事が内定をすぐ出したのは、取得単位の数が圧倒的に多く、ほゞ全優だった成績証明書のせいだと秘かに思っている。

高校の同期仲間　左より和田周、私、小野寺美保子（画家）、永山義高（朝日新聞社元取締役）　雑誌『財界』2019年12月10日号より

三菱商事での配属先は会計部である。理数系は不得意と思い込んでいた私には全く想定外のことであった。会社にとって経理は、全ての会社活動の成果を定量的に具現化し可視化する業務だ。会社の土台となる最も基本的で不可欠な仕事だ。俗に「経営の要諦は経理なり」とも言われる。でもそのことを本当に理解したのは大分後のこと。会計部に配属されて暫くは、算盤とペンを使って長時間にわたり数字を扱う単純作業の毎日だった。しかも度々間違いや失敗をしては周囲に迷惑をかけたのである、我ながら恨めしく思う日の連続だっ

講義録

た。だが結果として、一番不得意だった分野を、給料を貰いながら勉強させて貰ったのである、有難いことだったと今では感謝している。入社三年目からは、鉄鋼内販取引の受け渡しから会計処理までの事務を一貫して電子計算機化する画期的プロジェクトのメンバーになった。試行錯誤の連日で、夜を日に継ぐ作業だった。現在、地球規模で進行中のＩｏＴの先駆けともいえる仕事である。

それから五十余年、多事多難、山あり谷ありの会社生活が今なお続いている。多くの親しい友人や先輩・後輩の応援、更に、上司の指導や同僚・部下の協力、そして何よりも家族の支えに恵まれてのことと思っている。

小中学校時代、病気や事故で欠席が多く、偏った独学自習に頼ったことから、理数系コンプレックスに陥っていた。ところが三菱商事で最も希望しなかった会計部に配属されて、経理関係業務の経験を積んだからこそ、今日までの会社生活が全う出来たものと、過ぎた遠い日々に思いを馳せている。

追記――高校同級で俳優の和田周君が、新型コロナウイルスに感染して急逝した。劇団「夜の樹」が、四月二十三日のことと発表しているのを、私は、誕生日の朝、ネットを検索中に知った。療養中だった夫人の瀬畑奈津子さんも三月に他界している。四月六日午後三時頃、自宅から救急車に担架で運ばれるとき、「大丈夫？　付き添って行こうか」と声をかけた隣組の美容院のママに、周ちゃんは、少し手を動かして小声で断ったと、いう。

葬儀やお別れの会もなく、二人の納骨式に参列したのは子息夫妻と級友三人だけ。納骨した墓に水を懸けて手を合わせたら、墓石も泣いていた。（令和二年六月十七日）

古川洽次（ふるかわ・こうじ）

一九三八年生まれ。九州大学法学部卒業。六二年、三菱商事（株）入社。九九年、同社代表取締役副社長。二〇〇四年、三菱自動車工業（株）取締役副会長。〇七年、（株）ゆうちょ銀行取締役兼代表執行役会長。〇九年、郵便局㈱代表取締役会長。一二年、日本郵便㈱代表取締役会長など。

藤嶺叢書5
道を極める

発行所　藤嶺学園藤沢
中学校・高等学校

制作
発売所　かまくら春秋社
鎌倉市小町二—一四—七
電話〇四六七（二五）二八六四

印刷所　ケイアール

令和二年八月一日　発行

ISBN978-4-7740-0814-1　C0095